図解ポケット

Shuwasystem
A book to explain
with figure
: Library

長期的成長戦略の主役

サステナビリティ経営がよくわかる本

KAWAKAMI Seiichi

川上清市 著

秀和システム

はじめに

　「サステナビリティ経営」に熱い視線が注がれています。サステナビリティとは、持続可能性を意味する言葉ですが、直接的にはサステナビリティ情報の開示について、金融庁が有価証券報告書などに記載することを求めるようになったからです。

　サステナビリティ経営に先進的といわれる企業の実際の有価証券報告書では、「事業等のリスク」に関して、サステナビリティ経営の全体像を図表、TCFD（気候関連財務情報開示タスクフォース）の開示項目ごとの具体的内容、環境マネジメント体制について「指示・報告」「監督」といった指揮命令系統などが記載されています。すでにサステナビリティ経営に対する取り組みを積極化しているということでしょう。

　もとより、企業がサステナビリティに取り組むことが求められるようになったのは、2015年に国連サミットでSDGs（持続可能な開発目標）が採択され、COP（国連気候変動枠組条約締約国会議）でパリ協定が合意されて以降です。先進企業は、地球限界時代にサステナビリティを無視した経営は許されないことを敏感に感じ取っていたに違いありません。

　本書が、こうしたサステナビリティ経営を理解する一助となれば幸いです。本書の執筆にあたっては、「中立かつ公正・公平な立場を貫く」一般社団法人サステナブル経営推進機構（SuMPO）の専務理事、壁谷武久氏にインタビューし、その深い識見をいただきました。壁谷氏に誌面を借りて厚くお礼申し上げます。

2023年8月　川上清市

図解ポケット
サステナビリティ経営が
よくわかる本

CONTENTS

CHAPTER 3　サステナビリティ経営の実践事例

CHAPTER 4　サステナビリティ経営を成功させるために

CHAPTER 5 サステナビリティ経営とステークホルダー

企業はなぜ「サステナビリティ経営」を推進すべきなのか

　ESG（環境・社会・ガバナンス）やSDGs（持続可能な開発目標）という用語が飛び交う中で、サステナビリティ（持続可能性）の視点を経営に取り込む「サステナビリティ経営」が企業の間に急速に浸透し始めています。

　この章では、企業が取り組むためのサステナビリティ経営の基礎知識に始まり、注目される背景や導入の現状と課題、導入のメリット、実現に欠かせないSX戦略などについて見ていくことにします。

サステナビリティ経営って何？

「サステナビリティ経営」が注目を集めています。「サステナビリティ経営」とは何かについて見ていくことにしましょう。

1 「持続可能性」がキーワード

ビジネスパーソンの間でいま、**サステナビリティ経営**あるいは**サステナブル経営**といったワードに熱い視線が注がれています。「サステナビリティ（sustainability）」とは、直訳すれば名詞で持続可能性、あるいは環境保全、「サステナブル（sustainable）」とは、形容詞で持続（維持）できる、あるいは（資源が）環境を破壊せず利用できるといった意味になります（オーレックス英和辞典より）。

サステナビリティとサステナブルは、名詞か形容詞かの違いはありますが、将来にわたって地球の資源と人間社会の成長の関係性を持続させる考え方といえます。本書では、「サステナビリティ経営」に統一し、「環境（Environment）、社会（Social）、企業統治（Governance）の3つの観点で持続可能性に配慮しながら事業の持続可能性と両立させ、その管理監督を実践すること」と定義することにします。

3つの観点から**ESG経営**とも呼ばれます。また、**SDGs**（持続可能な開発目標）**経営**と呼ばれることもあります（1-6参照）。

経済の視点を重視し、サステナビリティ経営を「環境・社会・経済の持続可能性への配慮により、事業のサステナビリティ向上を図る経営」「環境・社会・経済の3つの観点すべてにおいて持続可能な状態を実現する経営」と捉える関係者もいます。

微妙な文言の違いはありますが、「持続可能性」がそのキーワードになっているのはたしかです。

2 経営戦略の根幹に据える必要性

従来、企業はCSR*（企業の社会的責任）の名のもとに社会貢献活動を実施してきましたが、経営や事業とは切り離されたプラスアルファの活動と捉えられる場合が多かったのが実情です。

CSRから発展させたコンセプトとして、CSV*（共有価値の創造＝価値共創）を企業戦略の根幹に据える企業も現れるようになりました。CSVとは、企業と社会の間に共有できる価値を創造し続けることで、企業の成長や持続性を支える戦略を意味します。しかし、それも一部の企業の導入に止まりました。

世界はいま、2030年のSDGs達成を目指しています。そうした中にあって、企業が長期にわたり生き残るには、サステナビリティの観点を経営に取り込む必要があるとの認識が急速に浸透し始めているのです。

伊藤邦雄・一橋大学CFO教育研究センター長は、「いまサステナビリティといかに向き合い、本気で実現していくかが、企業経営の最重要課題となっている。経営戦略のど真ん中にサステナビリティを置き、経営戦略のあらゆる側面に組み込んでいくことが大事だ」と指摘しています。

サステナビリティを成長のための機会と捉え、イノベーション創造につなげることが欠かせないと主張しているのです。

CSR　Corporate Social Responsevbility の略。
※ CSV　Creating Shared Value の略。

CHAPTER 1 企業はなぜ「サステナビリティ経営」を推進すべきなのか

9

SuMPOが目指す
サステナビリティ経営①

一般社団法人サステナブル経営推進機構が提唱するサステナビ
リティ経営とは何かについて見ていくことにします。

1 持続可能な社会づくりへの貢献

一般社団法人**サステナブル経営推進機構**（通称：**SuMPO**＜さん
ぽ＞）という、2019年6月に設立された団体があります。その設立
概要は次のとおりです。

「今後、わが国経済の担い手である企業やこれを支える地域社会
は、世界共通の社会課題克服を新たなビジネスチャンスとして捉え、
次世代に引き継がれる『イノベーション型』経営に果敢に挑んでい
くことが重要である。地球環境問題等、社会課題解決につながる新
たなビジネスモデルの企画、実行、評価、改善等の支援を通じて持続
可能な事業経営の実現を目指すために設立する」

世界共通の社会課題とは、世界人口の増大による食料、資源、エネ
ルギーの不足、紛争やテロ等政情不安、ジェンダー問題など多岐に
わたっています。

SuMPOの究極の目標は、「心豊かな未来の実現」で、「中立かつ公
正・公平な立場を貫き、社会に生ずる『間』をつなぎ、新たな価値創
造を実現する」とのパーパス（目的：存在意義）を掲げています。

壁谷武久専務理事は、「GDP（国内総生産）をベースにした経済活
動の概念自体が限界に達しています。

一方で地球環境も待ったなしの限界に来ています。従来ルールで成長し続けるのはもはや困難になっているのです。そこで、経済と環境の限界を克服しうる新しい産業モデルをつくり、持続可能な社会づくりに貢献するというのがSuMPOの大きな狙いです」と強調しています。

2 新たな業態づくりと価値の創造

持続可能な社会づくりは、SuMPOの基本理念の一つであり、「長期的思考で企業の持続可能な成長を目指し、ポスト成熟化社会における新たな業態づくりと社会課題に対応できる経営基盤強化の双方を同時に実現する経営手法」をSuMPOが提唱するサステナブル経営としています。

また、SuMPOは「同じ志を持つ仲間と強いネットワークを形成し、新たな価値を創造できる共創ビジネスの創出を目指す」「持てる人材力をさらに研鑽し、サステナブル経営を推進する」といったことも基本理念として掲げています。新たな価値の創造こそサステナビリティ経営の真髄といえるのです。

SuMPOの石田秀輝理事長は、「SuMPOは、『心豊かな未来をSuMPOの業（わざ）で創ります』を活動の中心に置き、ポスト成熟化社会におけるサステナブル経営の本質を考え、具体的な形として社会に還元することを目的としています。環境と経済の限界は近代化社会初めての経験であり、その解が従来の延長にあるとは考え難いものです。それを克服する新しい視点と業の創出をビジネスチャンスと捉え、次世代に引き継がれる『サステナブル経営』に挑むことができる時代であるともいえます」と話しています。

[経営理念]
心豊かな未来をSuMPOの業(わざ)で創ります

1

ポスト成熟化社会に向け、
「環境」と「経済」の限界を
克服しうる産業モデルを
創出し、持続可能な
社会づくりに貢献します。

基本理念

2

同じ志を持つ仲間と
強いネットワークを形成し、
新たな価値を創造できる
共創ビジネスの創出を
目指します。

3

持てる人材力を
さらに研鑽し、
サステナブル経営を
推進します。

出所：一般社団法人サステナブル経営推進機構（SuMPO）のホームページ

SuMPOが目指す
サステナビリティ経営②

一般社団法人サステナブル経営推進機構はどのような視点を重視しているのかについて見ていくことにします。

1 企業価値は経済価値と社会価値の創造

　サステナビリティ経営の考え方として、SuMPOでは、企業価値を経済価値と捉え、それに地球環境問題などの社会課題解決に向けた社会価値が加わるというSX（サステナビリティ・トランスフォーメーション）の視点を重視しています。

　現在の企業価値はイコール経済価値であり、個々の企業はこれまで培ってきた技術力や営業力をベースに、その延長線上で発展していくことが期待されます。環境問題に対しては、**地球環境制約**（問題）と豊かな暮らしを天秤にかけ、バランスが取れればそれでいいという考え方。しかし、地球環境制約が大きくなっているだけに、これでは限界を余儀なくされてしまうのはいうまでもありません。

　いまや地球環境制約は、全世界のあらゆる国民、事業体が共通に制約要件として持っていることに留意する必要があります。だとしたら、この制約要件を肯定して受け止め、その制約の中で「心豊かな未来像」を実現する解を見つけることが望ましいというわけです。

　これが**バックキャスティング**（2-5参照）といわれる手法ですが、前出の壁谷武久専務理事は、「経済価値と社会価値を天秤にかける**フォアキャスティング**とは異なり、バックキャスティングによって企業価値は経済価値と社会価値から創造する新たな価値として成立します」と話しています。

もちろん、企業としての持続可能な成長を目指しながらの取り組みといえます。

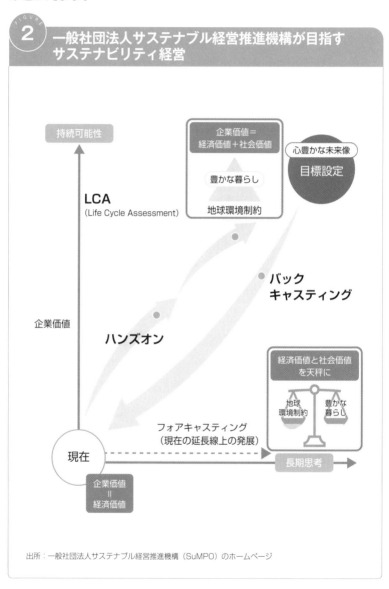

FIGURE 2 一般社団法人サステナブル経営推進機構が目指すサステナビリティ経営

持続可能性

LCA
(Life Cycle Assessment)

企業価値＝
経済価値＋社会価値

豊かな暮らし

地球環境制約

心豊かな未来像
目標設定

バックキャスティング

ハンズオン

経済価値と社会価値
を天秤に

地球環境制約　豊かな暮らし

企業価値

フォアキャスティング
（現在の延長線上の発展）

現在

長期思考

企業価値
＝
経済価値

出所：一般社団法人サステナブル経営推進機構（SuMPO）のホームページ

サステナビリティ経営は
なぜ注目される？

なぜ企業にサステナビリティ経営が求められているのでしょうか。その背景について見ていきましょう。

1 環境問題の国際条約が発端

なぜ企業にサステナビリティ経営が求められるのでしょうか。それを理解するために、サステナブルやサステナビリティという言葉が重視されるようになった背景について概観してみましょう。

そもそもは環境問題が発端です。社会貢献活動としてのCSRに、「環境」という項目が加わったのは1990年ごろでした。1987年に国際条約の「オゾン層を破壊する物質に関するモントリオール議定書」が採択され、オゾン層とフロンガスの話題がクローズアップされました。

さらに、1989年には原油採掘大手企業のエクソンがアメリカのアラスカ湾沖でタンカー「バルディーズ号」を座礁させ、原油が大量に流出して多数の海生生物が死亡するという事件が起きたのです。これを受けて、アメリカの環境NGO、Ceresが企業に対し10項目に及ぶ環境保全原則「バルディーズ原則」を打ち出しました。

その後、1992年にブラジルのリオデジャネイロで国連環境開発会議（**地球サミット**）が開催され、**リオ宣言**と、それを実施するための行動計画**アジェンダ21**のほか、「気候変動枠組条約」「生物多様性条約」「森林原則声明」が採択されました。

このときの地球サミットでは「持続可能な開発」という概念が強く提唱され、今日に至る「サステナブル」「サステナビリティ」という言葉が世界的に広がることになったのです。

2 事業成長の新しいエンジンに

気候変動の観点からもサステナビリティ経営は注目されています。自然災害による被害は甚大化しており、都市インフラの崩壊などが生じれば、私たちの生活はもとより、企業活動も停滞を余儀なくされます。このまま地球温暖化が進めば、どのような事態を招くかは容易に想像ができるでしょう。

この気候変動のリスクの最小化は、国や国民、そして企業全体が取り組むべき大きなテーマです。そこで求められているのが、気候変動への取り組みとそれを事業成長の新しいエンジンにしていくサステナビリティ経営です。まさに、サステナビリティ経営は新時代の潮流になりつつあるのです。

そもそも、サステナビリティという言葉は、それまでは1980年代に開発学の中で登場し、前述のように1992年の地球サミットで有名になった「持続可能な開発」から来た用語です。企業にとっては、サステナビリティは、企業自身に関わる話ではなく、企業の外側にある地球環境や地域社会の話として理解されていました。

そうした趨勢に変化をもたらしたのが、2008年に起きたリーマン・ショックでした。大企業は、社会からの信頼を取り戻さなければ企業として生き残れないと再認識し、社会価値と環境価値を高めつつ、同時に株主価値を追求しなければならない。つまり、「サステナビリティ経営」の考え方が息づくようになったのです。

3 地球サミットで採択された5つの条約と宣言

環境と開発に関するリオ宣言

国連人間環境会議にて採択されたストックホルム宣言を発展させていくことを目的として導入。リオ宣言の27項目の原則を確実に実行するために以下の4つが作られた。

気候変動枠組条約

気候変動に歯止めをかけるため、温室効果ガス削減のための国際的な枠組み。
この条約をもとに1005年から毎年 COP※（締結国会議）が開催されている。

生物多様性条約

生物多様性の保全や遺伝子資源の保護を目的に作られた。国連人間環境会議の最中に、日本を含む168カ国の署名が集まった。

森林原則声明

いまある森林の保護や育成を目的に掲げている。初めは「条約」という形での締結の予定であったが、発展途上国らの反対により、「宣言」という形で発表された。

アジェンダ21

森林や有害物質の管理、また砂漠化など、地球上の様々な問題を解決するために行動を起こし、持続可能な社会が実現することを目標としている。

※ COP Conference of Parties の略。

出所：「NET ZERO NOW（環境経済をわかりやすく）」より作成

真のサステナビリティ経営を目指す

真のサステナビリティ経営とはどのようなものなのか。企業が目指すべきサステナビリティ経営について解説します。

1 本業とは別世界のアピール合戦に

サステナビリティは、後戻りすることのない不可逆の潮流であることは間違いないでしょう。とはいえ、日本企業の多くがサステナビリティを自社事業の存続にとっての重要経営課題と本気で考えているのかどうか。こうした疑問を呈する関係者も少なくありません。

中には、「事業の本丸とは別世界で繰り広げられるアピール合戦の様相」と現状を分析するケースも見られます。求められているのは、**真のサステナビリティ経営**であるのはいうまでもありません。では、真のサステナビリティ経営とはどのようなものでしょうか。

サステナビリティ経営の本質は、事業基盤である環境や社会面のリソースを維持・増強しながら、経済活動としての事業を持続的に成長させることに他なりません。これまでのビジネスが前提としてきた、「資源は無限にある、地球環境や社会に負担をかける外部不経済は誰かが負担してくれる」という考え方は急速に崩れつつあるといえます。

それによって、事業基盤をはじめ、クライアントのニーズやカネの流れ、競争環境も変わろうとしています。一企業のコントロールを超えて大きく変貌する外部環境の中で、企業はその適応策や生き残りのための戦略を考えることが急務となっています。

そこで重視されるのが、サステナビリティ経営は根幹の経営戦略そのものであるという点です。

2 時間軸が長期の経営戦略

　通常の経営戦略に後付けするものではないサステナビリティ経営は、その経営戦略の時間軸が長期である点にも留意すべきでしょう。長期的な変化は構造的な変化であり、ある程度は予測することができます。

　そこで、どのような変化が起きようとしているのかを把握し、現在の自社の強みや能力でその変化に対応できるのか。対応できない部分があるとしたら何が足りないのかを見極めることです。そして、強い意志をもって自社の変革をリードして変化を乗り越える。それこそが、すなわち「真のサステナビリティ経営」といえるのです。

FIGURE 4 サステナビリティ経営の本質とは

事業基盤である環境や社会面の
リソースを維持・増強しながら、
経済活動としての事業を持続的に成長させること。

「経営戦略の根幹」として重視

資源は有限であるという考え方が必要

ESG経営・SDGs経営との違いは何か

サステナビリティ経営とESG経営、SDGs経営との違いは何かについて見ていくことにします。

1 実行が当たり前の ESG 経営

サステナビリティ経営は、**ESG経営**や**SDGs経営**と呼ばれることもあります。まったくの同義語と見ていいのか、それとも違いがあるのでしょうか。

まずESG経営ですが、そもそもESG（環境・社会・企業統治）は基本的にすべての企業にとって必須の要素です。特に企業統治のGはすべての企業にとっての基本中の基本要素。E（環境）とS（社会）も業態や企業の状況に応じて関連項目に違いがあるものの、極めて重要な要素です。

ESGはもともと投資家視点の呼称でしたが、いまや幅広い関係者からの要請となっています。その意味で、非上場企業にとってもESGの重要性に変わりはありません。

ESG投資家は、業態に応じて主にリスク面での差を考慮し、例えば水を使う業界に関しては水に関連するリスクを重く見るなど、項目のウエート（比重）を変えて評価をしています。企業のESG対応は、こうした評価基準に即して投資家向けに最適な情報開示を進めるかがポイントといえます。

「わが社はESG経営に力を入れている」といった発信をすれば、ESGを意識した経営を印象づけることができます。しかし、「ESGのどの内容を強化するのか」などと問われるはず。

「ESG経営」を打ち出すのであれば、E、S、Gの評価要素について相当踏み込んだ情報開示が期待されるでしょう。ESGは実行して当たり前の用語といえるのです。

2 幅広い経営マターをカバーする SDGs 経営

ESG投資家にも響き、他のステークホルダーにも伝わりやすいのが**SDGs**です。ESGは投資家向けの「チェック項目」であり、持続可能な開発目標であるSDGsは、投資家を含めたステークホルダーへの「アピール項目」と捉えれば理解しやすいかもしれません。

SDGsを活用する経営が「SDGs経営」であり、SDGsへの取り組みを経営面で強化していることをアピールすることができます。SDGs経営を推進するうえで、とりわけ「トップイニシアティブとコミットメント（公約・明言）」が重要であると指摘されています。SDGsは、投資家の注目するIR（企業の投資家向け広報活動）事項であり、経営トップが語らなければ説得力がないからです。

SDGsの重要な要素は未来志向であり、経営戦略や人事戦略、マーケティング戦略、地域社会対応など幅広い経営マターをカバーします。それだけに、SDGsを正しく理解し、2030年目標という中長期的視野に立って、自社の経営との関連事項を洗い出し、SDGs経営の戦略を描く必要があります。

SDGs経営はESG経営をより進化させた意味合いが強いといえるのではないでしょうか。「持続可能性」がキーワードとなるサステナビリティ経営は、むしろSDGs経営と同義語であり、ESG経営を包含した経営と見ることもできます。

サステナビリティ経営導入の現状と課題

日本企業にどの程度、サステナビリティ経営が浸透しているのでしょうか。現状と課題について見ていきましょう。

1 積極的に取り組む企業が増加

日本企業にサステナビリティ経営がどの程度浸透しているのか、まずは現状を見てみましょう。

帝国データバンクの調査（2022年6月）によると、SDGsに積極的に取り組む企業は、前回調査（2021年6月）の39.7%から52.2%と大幅に増加。グローバル企業を中心に、SDGsに対応した経営戦略の決定や、脱炭素に向けた目標設定の動きが広がっています。

企業の積極的な取り組みが増加する中で、企業規模や業界間における格差も生まれています。同調査によると、SDGsに精力的に取り組んでいる大企業は68.6%と7割近くに達しているのに対し、中小企業や小規模企業ではともに40%台。依然として企業規模間に格差が生じています。

中小企業や小規模企業からは、「零細企業における具体的な取り組み目標が思いつかない」（セメント卸売り）、「中小企業には人材、資金面などのハードルが高い」（木製建具工事）などといった厳しい声も挙がっています。

業界別に見ると、「農・林・水産」の72.6%が最も積極的で、次いで「金融」62.3%、「製造」57.1%と続いています。

一方で、「卸売り」は48.5%、「不動産」は41.4%に止まっています。SDGsやESGの認知度は増していますが、業界構造やコスト面などが原因で導入が進まない企業も多いのが現状といえます。

2 リサイクル活動などにも注力

SDGsでは、2030年までに達成すべき17の目標を設定しています。帝国データバンクの調査は、17目標の中で「現在力を入れている項目」（複数回答）についても聞いています。最も多かったのは、働き方改革などを含む「働きがいも経済成長も」で31.4%でした。

次いで、リサイクル活動やエコ商品の生産・使用などを含む「つくる責任つかう責任」（22.9%）、再生可能エネルギーの利用などを含む「エネルギーをみんなにそしてクリーンに」（22.5%）、CO_2排出量の少ない原材料の使用などを含む「気候変動に具体的な対策を」（21.1%）が2割台で続いています。

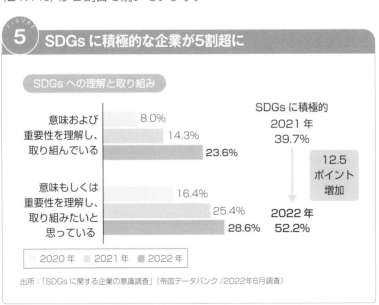

FIGURE 5 **SDGs に積極的な企業が5割超に**

SDGs への理解と取り組み

	2020年	2021年	2022年
意味および重要性を理解し、取り組んでいる	8.0%	14.3%	23.6%
意味もしくは重要性を理解し、取り組みたいと思っている	16.4%	25.4%	28.6%

SDGs に積極的
2021年 39.7%

12.5 ポイント増加

2022年 52.2%

出所：「SDGsに関する企業の意識調査」（帝国データバンク/2022年6月調査）

グリーンウォッシュと SDGsウォッシュ

見せかけのサステナビリティ経営という問題も発生しています。詳しく見ていくことにしましょう。

1 環境配慮の見せかけが環境悪化に

「わが社はサステナビリティ経営を推進しています」などと標榜していても、実際に具体的なアクションをしていなければ、投資家や顧客から評価されることはないでしょう。将来的に投資を受けられなくなり、事業の縮小や衰退を余儀なくされる可能性があることに留意する必要があります。

実態が伴わないのに「持続可能性」や「生分解性」などを掲げ、あたかも環境に配慮した取り組みをしているように見せかけるケースも少なくありません。**グリーンウォッシュ**と呼ばれる、見せかけの取り組みです。グリーンウォッシュとは、エコをイメージさせる「グリーン」と、ごまかしや取り繕いを意味する「Whitewash（ホワイトウォッシュ）」を組み合わせた造語です。

グリーンウォッシュは、環境負荷が大きい商品を環境に配慮しているように見せかけ、消費者に誤解を与える点で問題視されています。また、ESG投資などで投資家の判断を誤らせるといった批判もあります。2018年にはアメリカのスターバックスがリリースした「ストローの要らない蓋」は、従来のストローと蓋の組み合わせに比べ、多くのプラスチックを使用していたことから、グリーンウォッシュであるとの批判を浴びました。

　グリーンウォッシュを行う企業が増えると、環境悪化につながってしまいます。環境悪化は、将来的に気候変動の一層の深刻化を招きかねません。

2　17の開発目標で誇大広告も

　グリーンウォッシュと共に、**SDGsウォッシュ**という問題も発生し環境や社会に悪影響を与えています。SDGsは貧困や飢餓、教育、ジェンダー、エネルギーや水、気候変動、資源など17の項目で成り立っています。企業はこのうちのいくつかの項目を掲げ、問題解決に向けて取り組んでいます。

　しかし、一部の企業はSDGsに関する誇大広告を行うなど、社会や環境に対して配慮することなく事業を継続しているケースも見られます。SDGsウォッシュはグリーンウォッシュと同様、環境関連の不祥事です。企業がどのような姿勢でサステナビリティに取り組んでいるか、チェックする目が必要です。

FIGURE 6　グリーンウォッシュと SDGs ウォッシュ

グリーンウォッシュとは……

・企業が環境に配慮した活動を行っているように見せかける
・エコや省エネと謳っているものの、実際は環境に悪い製品

SDGsウォッシュとは……

・SDGs17項目のうちいくつか掲げているものの、取り組んでいない
・SDGsの項目に沿って取り組みを行っているが、虚偽の内容や誇大広告も行っている

サステナビリティ経営推進の メリットとは

サステナビリティ経営を推進するメリットは何か、どのような メリットがもたらされるのかについて見ていきます。

1 投資家を惹きつけるESG投資の拡大

サステナビリティ経営に取り組むには、コストや人手が必要です。 それでもサステナビリティ経営を推進することで、その取り組みに 値するメリットを企業にもたらすと考えられます。具体的にどのよ うなメリットがもたらされるのでしょうか。

一つは、経営・事業自体のサステナビリティの向上です。将来を 見据えて環境や社会、経済のサステナビリティに配慮することで、 企業は自社のリスクや事業機会を把握し、長期にわたり安定的に発 展できるとみられるからです。また、ステークホルダーからの評価 向上も見逃せません。SDGsを目標として、サステナビリティ経営 に取り組む企業を評価し投資するESG投資が注目されている中で、 ESG投資家からの投資拡大につながるからです。

世界のESG投資残高を集計しているGSIA（世界持続可能投資連 合）が隔年で発表している報告書によると、世界におけるESG投資 は、2020年に35.3兆ドルに達し、4年で約1.5倍となっていま す。日本では、2016年の4740億ドルから2.8兆ドルに増加し、4 年で6倍に拡大しています。世界全体のESG投資における日本の割 合は2016年が2%でしたが、2020年には8%になっています。

運用資産額全体に占める機関投資家の運用資産の割合は35.9%を占めており、もはやサステナビリティ経営を行わなければ今後の投資対象とはならないことがわかります。

2 利益率の向上や事業拡大の契機に

サステナビリティ経営の推進によってもたらされるメリットは、利益率の向上や事業拡大などにも及んでいます。一般財団法人経済広報センターの調査によると、社会課題の解決に取り組む企業の商品・サービスは、半数以上が「価格が高くても購入する」と回答しています。消費者の間でもサステナブルを意識した消費が広がりを見せているのです。

取引先からの要望によってSDGsの検討・取り組みを始める中小企業も多く、企業間取引拡大の契機にもなっています。これには、行政をはじめ業界団体や金融機関からの呼びかけも後押ししており、事業を好転させる機会創出につながっています。

FIGURE 7 社会課題の解決に取り組む企業の商品・サービスに対する購入意欲

(単位：%)

価格が高くても購入する	3
多少価格が高くても購入する	51
同価格であれば購入する	40
低価格でなければ購入しない	3
分からない	2

出所：「第24回生活者の"企業観"に関する調査報告書」(一般財団法人経済広報センター／2020年10月実施)

サステナビリティ経営に求められる SX戦略

サステナビリティ経営で最も重要な戦略であるSX（サステナビリティ・トランスフォーメーション）について見ていきます。

1 トレードオン思考で壁を破る

サステナビリティ経営で最も重要な戦略といわれるのが**SX（サステナビリティ・トランスフォーメーション）**です。SXは、①環境や社会にも配慮するトレードオン事業を追求すること、②統合思考で長期的戦略を考えること、③実現できる仕組みを構築すること、といった3点に集約されます。

これからの新しい時代に弛むことなく成長を目指すなら、外発的な「やらされサステナビリティ経営」からいち早く脱却し、自分たちの意志による未来志向型のSXへの移行が不可欠とも指摘されています。未来志向型SXは、長期の成長を考える夢のある経営であり、次世代ビジネスのメインストリームの一つとされています。

とはいえ、いざ実際に取り組もうとすると必ず、「コストがかかる」「短期的に儲からない」「十分には儲からない」などといった壁に直面します。ここで重要なのが、**トレードオフ**ではなく、前述の**トレードオン**思考です。

「トレードオフ」は、A（環境）を実現しようとするとB（利益）が犠牲になる、という状態を指します。サステナビリティを追求しようとすると必ずこうした壁が目の前に立ちはだかるものです。

その際にトレードオフ思考にとらわれていると前進することができません。だからこそ、Aを実現するためにBを犠牲にせず、AもBも実現させること、すなわち「トレードオン」を目指す必要があるのです。

 2 競合に対して優位性を発揮できる

トレードオンのビジネス構造を考え出すのは簡単ではありません。しかし、トレードオンを目指すことで、これまでなかった柔軟で斬新な発想や、何らかのイノベーションが生まれる可能性があるといえます。

トレードオンの発想に転換してビジネスモデルなどを改革し、他社に先駆けてトレードオンを実現すれば、競合に対して極めて強力な武器になり、優位性を築くことができるのです。トレードオンの具体的な方法を考えるヒントとして挙げられるのが、モジュール化、製品のサービス化、ゴミから資源への転換、資源循環、シェアリングです。

FIGURE
8 SX（サステナビリティ・トランスフォーメーション）のキーポイント

①トレードオン事業を追求する
②総合思考で長期的戦略を考える
③実現できる仕組みを構築する

トレードオンの具体的な方法

モジュール化、ゴミから資源への転換、
資源循環、シェアリングなど

サステナビリティ経営の推進に欠かせない3つの用語を理解しよう

　サステナビリティ経営を推進していく際、押さえておきたい用語がいくつかあります。ここでは、カーボンニュートラル、サーキュラーエコノミー、サステナビリティ報告書の3つを取り上げ、その概要について見ていくことにしましょう。

●カーボンニュートラル

　温室効果ガスの排出量と吸収量を均衡させ、プラスマイナスゼロを実現すること。2020年10月、政府は2050年までに温室効果ガスの排出を全体としてゼロにする、カーボンニュートラルを目指すことを宣言しました。

　「排出を全体としてゼロ」というのは、CO_2（二酸化炭素）をはじめとする温室効果ガスの「排出量」から、植林や森林管理などによる「吸収量」を差し引いて、合計を実質的にゼロにすることを意味しています。カーボンニュートラルの達成のためには、温室効果ガスの排出量の削減と吸収作用の保全・強化をする必要があります。

　地球規模の課題である気候変動問題の解決に向けては、2015年に**パリ協定**※が採択され、世界共通の長期目標として、

①世界的な平均気温上昇を工業化以前に比べて2℃より十分低く保つと共に、1.5℃に抑える努力を追求すること（2℃目標）
②今世紀後半に温室効果ガスの人為的な発生源による排出量と吸収源による除去量との間の均衡を達成すること

などを合意しています。

※**パリ協定**　2015年の国連気候変動枠組み条約締約国会議（COP21）で採択、2016年に発効した気候変動問題に関する国際的な枠組み。パリ協定では2020年以降の温室効果ガス削減に関する世界的な取り決めが示された。同じ2015年に採択されたSDGs（持続可能な開発目標）にも、目標13に「気候変動に具体的な対策を」が盛り込まれ、この年を機に世界の気候変動への取り組みが加速した。

この実現に向けて世界が取り組みを進めており、120以上の国と地域が「2050年カーボンニュートラル」という目標を掲げています。

●サーキュラーエコノミー

廃棄物の削減やリサイクルを推進する循環経済のこと。大量生産・大量消費の経済社会活動は、大量廃棄型の社会を形成し、健全な物質循環を阻害するほか、気候変動問題や天然資源の枯渇、大規模な資源採取による生物多様性の破壊など様々な環境問題にも密接に関係しています。資源・エネルギーや食糧需要の増大、さらには廃棄物発生量の増加が世界全体で深刻化しており、持続可能な形で資源を利用する循環経済、つまりサーキュラーエコノミーへの移行を目指すことが世界の潮流となっています。

サーキュラーエコノミーとは、従来の**3R**（リデュース、リユース、リサイクル）の取り組みに加え、資源投入量・消費量を抑えつつ、ストックを有効活用しながら、サービス化などを通じて付加価値を生み出す経済活動であり、資源・製品の価値の最大化、資源消費の最小化、廃棄物の発生抑止などを目指す活動です。

循環経済への移行は、企業の事業活動の持続可能性を高めるため、ポストコロナ時代における新たな競争力の源泉となる可能性を秘めています。

●サステナビリティ報告書

企業が財務情報以外の情報を開示する報告書で、経済的・社会的・環境的な持続可能性に配慮しているかどうかを報告するもの。企業が持続可能なビジネスモデルを追求すると共に、環境への影響を最小限に抑えて社会的責任を果たし、長期的な価値を創造することを目的としています。

具体的には、企業が持続可能なエネルギー源を使用しているか、循環型のビジネスモデルを採用しているか、または従業員の生活や地域社会の利益を考慮した経営を行っているかなど、多岐にわたる項目を取り扱います。

しかし、「サステナビリティレポート」と銘打っているものの、実際には**CSR報告書**（企業が社会的責任を果たすための取り組みをどのように実践しているかを開示する報告書）の延長になっている報告書も少なくありません。

温室効果ガスのネットゼロ排出のイメージ

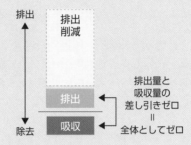

排出

排出
削減

排出

吸収

除去

排出量と
吸収量の
差し引きゼロ
＝
全体としてゼロ

出所：経済産業省資源エネルギー庁ホームページ

カーボンニュートラルへの転換イメージ

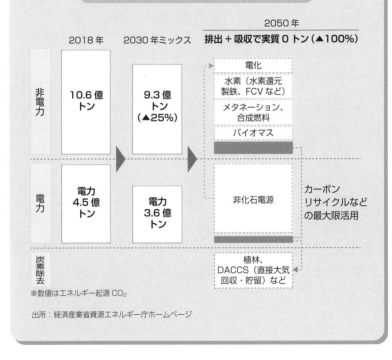

2050年
排出＋吸収で実質 0 トン（▲100%）

2018年　　　2030年ミックス

	2018年	2030年ミックス	2050年
非電力	10.6億トン	9.3億トン（▲25%）	電化 / 水素（水素還元製鉄、FCVなど）/ メタネーション、合成燃料 / バイオマス
電力	電力4.5億トン	電力3.6億トン	非化石電源
炭素除去			植林、DACCS（直接大気回収・貯留）など

カーボン
リサイクルなど
の最大限活用

※数値はエネルギー起源 CO$_2$

出所：経済産業省資源エネルギー庁ホームページ

「サステナビリティ経営」実現のためのステップ

　サステナビリティ経営を推進することで、企業は自社の経営はもとより、事業自体のサステナビリティ向上にメリットをもたらします。将来を見据えて環境・社会・経済のサステナビリティに配慮することで、自社のリスクを把握し、新たな事業機会の創出にもつなげることができます。

　この章では、多くのメリットを生むとみられるサステナビリティ経営をいかに導入し、推進するかについて見ていくことにします。

サステナビリティ経営の導入と推進方法

サステナビリティ経営の導入、推進に必要な5つのステップを中心に見ていくことにしましょう。

1 実現に必要な5つのステップ

　闇雲にサステナビリティ経営を進めても成果を得ることはできません。実現に向けたステップを踏むことがカギとなります。そのステップは次のような5段階で進めるのが一般的です。

STEP 1：経営層による企業理念やビジョンの見直し（中長期視点における企業の存在価値の見直し）

STEP 2：現状の経営課題把握と可視化

STEP 3：重要課題の特定（自社と社会の関係性の把握）

STEP 4：中長期視点でのビジョンとシナリオ策定

STEP 5：実践段階への移行と方法論の特定

　企業のサステナビリティ経営を支援するPwC Japanグループでは、その実現に向けてビジョンや戦略など目指すべき方向性が定まったなら、次の3つを準備することが必要と指摘しています。

①いつまでにどれぐらいの到達点に近づくのか決定する（全社目標設定）

②到達点に向かう地図を描く

③経営の羅針盤を整備する（KPI＝重要業績評価指標の設定）

9 サステナビリティ経営推進の5つのステップ

 STEP 1　経営層による企業理念やビジョンの見直し

 STEP 2　現状の経営課題把握と可視化

STEP 3　重要課題の特定（自社と社会の関係性の把握）

 STEP 4　中長期視点でのビジョンとシナリオ策定

 STEP 5　実践段階への移行と方法論の特定

5つのステップを実行
するために課題と目標
を設定する

この３つを準備することで、取り組むべきことが明確なるはずだ、としています。

2 到達点を見つける3つのステップ

では、企業が自分たちの到達点を見つけるにはどうしたらいいのでしょうか。PwC Japanグループでは次の３つのステップで考えることが望ましい、と提案しています。

①既存事業領域でビジネスモデルの抜本的改革
②新しいビジネスモデルや新技術・新商品の開発
③顧客の外部不経済を最小化する新商品・新サービスの開発

これらの３つの要素を多面的に検討することで、目指すべき地点が見えてくると明言しています。ちなみに、SDGsの取り組みを成功に導く一般的な導入ステップは次の５つとされています。

①SDGsを理解する
②優先課題を決定する
③目標を設定する
④経営へ統合する
⑤報告とコミュニケーションを行う

このSDGsをサステナビリティ経営に置き換えれば、よりわかりやすいステップとして導入できるのではないでしょうか。

企業理念とビジョンの見直し

 サステナビリティ経営はトップダウンで実践する必要があります。そのポイントについて見ていくことにします。

 2

1 トップダウンで実践する必要性

サステナビリティ経営実現のための最初のステップが、経営層による企業理念やビジョンの見直しです。中長期視点における企業の存在価値の見直しといってもいいでしょう。

なぜ、最初のステップとして、経営層による企業理念やビジョンの見直しが必要なのでしょうか。中長期でサステナビリティを考慮した際、自社を取り巻く社会構造や社会環境がいまの延長にはない可能性が高いからです。

たとえ中期経営計画があっても、ビジネスの大前提が変わる構造変化に対応できていない可能性があり、それを考慮した対応が必要になるのです。事業ポートフォリオの大幅な見直しや、ビジネスモデルの抜本的な再構築などが必要になるかもしれません。

それを考え、実践していくのは経営層です。**トップダウン**によって、全社員が一体となってサステナビリティ経営に取り組む土壌をつくらなければなりません。ボトムアップで進めたとしても、意見が通りづらく、予算の兼ね合いで難しい」などと批判されることもあるでしょう。そのためにトップ自らが実践していく必要があるのです。

「サステナビリティ経営の導入が進まない」「導入したもののなかなか効果が現れない」などと嘆く企業も少なくありません。こうした企業は最初のステップに見落としがないかを考えてみることです。

　企業理念やビジョンの見直しという最初のステップの過程では、まず「自社が取り組むべき社会課題は何か？」について絞り込むことも必要です。これには、自社のリソースや経営方針と照らし合わせれば、ある程度限定することができるでしょう。

　次に、特定した社会課題に対して「中長期視点でどのような会社をつくりたいか」を明らかにすることです。自社が将来にわたってどのような役割を持つべきかを明確にすることが欠かせません。

　「なぜ自社でサステナビリティ経営を行うのか」をトップダウン方式で明確にし、共通の目的意識を醸成していく。これが最初のステップの要諦です。

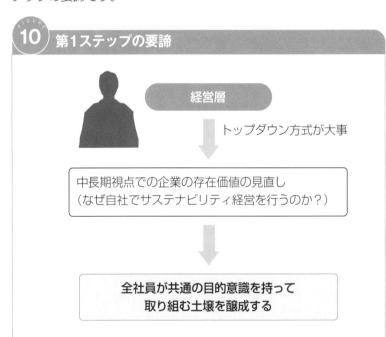

10 **第1ステップの要諦**

経営層

トップダウン方式が大事

中長期視点での企業の存在価値の見直し
（なぜ自社でサステナビリティ経営を行うのか？）

全社員が共通の目的意識を持って
取り組む土壌を醸成する

3 現状の経営課題把握と可視化

サステナビリティ経営実現のための第2のステップである「現状の経営課題把握と可視化」について見ていきます。

1 ESGスコアを活用する

サステナビリティ経営実現のための第2のステップが、現状の経営課題把握と可視化です。理想と現実とのギャップを数値化して整理する必要があります。

例えば、どの企業にも必須命題として、カーボンニュートラルによる「脱炭素」という経営課題が存在しています。これに対して、現在のCO_2排出量などの環境負荷を算出することが欠かせません。また、**ESGスコア**や**ESG格付け機関**などの活用により、現状を把握するのです。

ESGスコアとは、企業のESG（環境・社会・企業統治）への取り組み状況を示すスコアで、パフォーマンスやリスクを定量的に測定・算出した指標のことです。このESGスコアがあるため、企業のESGの取り組みを相対比較することが可能になります。

ESGスコアは、第三者であるESG格付け機関が独自に定める項目に基づき、公開データやアンケートの情報を収集して分析、評価します。評価方法は、個々のESG格付け機関によって大きく異なるため、同じ企業でも評価に大きな相違が出てきます。

ESGの取り組みを評価するのは大変な労力を要する作業です。このため、企業は外部専門機関を活用することになります。

ESGスコアの格付け評価機関には、株価指数などを算出するイギリスのFTSE RussellやアメリカのMSCI（モルガン・スタンレー・キャピタル・インターナショナル）などがあります。

② 最重要のマテリアリティ特定

三菱総合研究所は、ステップ1として「マテリアリティ（重要課題）特定」、ステップ2として「長期ビジョンの策定」、ステップ3として「目標設定と実践」の3つのステップでサステナビリティ経営の実現を目指すと提言しています。

このステップ1で、環境・社会・経済のサステナビリティに関わる多種多様な課題から、社会やステークホルダーへのインパクトが大きく、かつ事業のサステナビリティに関わる課題を絞り込むとしています。マテリアリティ特定は、その後に続くサステナビリティ経営の主題を決める、最初にして最重要のステップと位置付けています。

FIGURE
⑪ 第2のステップの要諦

理想と現実とのギャップを数値化して整理する

ESGスコア（ESG格付け機関が分析評価）などを活用する

企業のESGの取り組みを相対比較できる
（自社の現状が把握できる）

重要課題の特定
（自社と社会の関係性の把握）

CHAPTER
2
4

> サステナビリティ経営実現のための第3のステップであるマテ
> リアリティ（重要課題）の特定について解説します。

1 事業課題を絞り込むステップ

　サステナビリティ経営実現のための第3のステップが重要課題の特定です。三菱総合研究所が「最初にして最重要のステップ」と位置付けているマテリアリティ（重要課題）の特定（2-3参照）ですが、企業理念やビジョンの見直し、現状の経営課題の把握と可視化の過程を経て取り組むのがベストのように思われます。

　このステップは自社と社会の関係性を把握し、事業のサステナビリティに関わる課題を絞り込むステップです。第1のステップでは、「自社が取り組むべき社会課題は何か？」について絞り込むことが必要でした。これに対して第3のステップでは、事業のサステナビリティに関わる課題についての選定が重要です。

　取り組む際のポイントは2つあり、一つは候補となる課題を網羅的に用意することです。もう一つは、課題を適切に評価することであり、自社における重要度がカギとなります。これを見極めるには、年齢・性別・部署を超えての議論によって評価することです。

　社員を巻き込むことで、各課題の評価や重要課題の妥当性向上だけでなく、サステナビリティの社内浸透にも効果を上げることが期待できるでしょう。また、この時点で企業が多数抱える個別事業を貫く方向性を描くことにもなり、「資源を集中させるべき分野」と「整理するべき分野」を明らかにすることもできるはずです。

2 人権に関する社会課題にも注目する

　企業のサステナビリティ経営を支援するPwC Japanグループによると、「企業は現在、どのようなサステナビリティ課題に直面しているのかを把握する必要がある。気候変動やCO$_2$削減ばかりが目立っているが、課題はそれだけではない」と指摘しています。

　環境課題に隠れがちですが、人権に関する社会課題（強制労働・児童労働、ハラスメント・差別など）も極めて重要といえるでしょう。こうした課題は、これから未来に向けて起きる構造的な変化の原動力であり、これらの課題を掘り下げていくことで、ある程度未来を予測し、備えていくことも可能になるはずです。

FIGURE

12 第3のステップの要諦

事業のサステナビリティに関わる課題を絞り込む

ポイント1　候補となる課題を網羅的に用意する

ポイント2　課題を適切に評価する
　　　　　……自社における 重要度がカギ

「資源を集中させるべき分野」と
「整理するべき分野」を明確に

CHAPTER
2
5

中長期視点でのビジョンと
シナリオ策定

中長期視点でのビジョンとシナリオ策定も重要です。このポイントについて見ていくことにします。

1 社会の変化を前提にシナリオを策定

重要課題の特定ができたら、次は中長期視点でのビジョンとシナリオ策定のステップに入ります。第1のステップでビジョンの見直しは終えているはずですが、ここで改めて確認しておきましょう。これまでの過程で見直しが必要であれば、再確認する必要があります。

そのうえで、まずは長期視点でどのようにビジョンに近づけていくのかというシナリオを策定します。目標年は、SDGsの目標年が2030年であることや、気候変動に関して「2050年にカーボンニュートラルを目指す」動きが拡大していることなどを踏まえ、2030〜2050年に設定することです。

長期ビジョンの策定にあたっては、目標年における社会の変化などを前提にシナリオを策定します。そのシナリオに沿って対応策を検討し、自社のありたい姿を描くのです。この検討の過程でも、多様な社員を巻き込んでいくことが重要です。社外に対して説得力があり、社内においても納得感のあるシナリオを描くことになるでしょう。

最終目標を数値で定めることができたなら、中間目標も定めます。この目標設定とロードマップづくりに役立つのが、**バックキャスティング**という考え方です。バックキャスティングとは、将来を検討する際に「持続可能な社会の姿を」を想定し、その姿から現在を振り返っていま何をすればいいかを考える手法です。

2 バックキャスティング手法の活用

バックキャスティングの考え方は、長期的な視点に立ち、利益を出しながら戦略的に組織変革を行うのに効果的な方法といわれています。バックキャスティングの手法によって具体的なアクションプランを設定していくことになりますが、このステップは将来のあるべき姿を目標として先に定めることから、ロードマップづくりが最大の難所になります。

多くの場合、目標を掲げた時点でそのシナリオは十分とはいえず、現状とのギャップの可視化を余儀なくされます。それによって課題をあぶり出すのです。そうしたロードマップづくりにチャレンジすることで、よりベストなシナリオを描くことが可能になります。

13 第4のステップの要諦

中長期ビジョンの再確認とシナリオの策定

目標年（2030〜2050年）における
・社会の変化などを前提にシナリオを策定
・そのシナリオに沿って対応を検討

自社のありたい姿を描く

バックキャスティング（未来に設定した目標から逆算し、いますべきことを考える手法）を活用し中間目標を設定する

6 実践段階への移行と方法論の特定

サステナビリティ経営の実践段階への移行は、方法論の特定も欠かせません。そのポイントについて見ていきます。

1 調達方法の見直しなども有効に

中長期のビジョンが策定され、具体的な目標が設定されたら、最後はそのシナリオに基づいて実践段階に移行します。目標と併せて**アクションプラン**や指標を設定できれば、長期ビジョンに向けた道筋が具体化され、円滑に実践することができるはずです。

実践するには、全社員の理解が不可欠ですが、サステナビリティに関する研修を行うことなどで効果を高めることもできるでしょう。

実践に移行する際は、その方法論を特定することも重要です。「どの分野を変革すべきなのか？」「具体的な方法論は？」など、各事業・部門のアクションプランに落とし込むことです。その状況をつねにモニタリングし、開示することで多くのステークホルダーからの評価を高めることにつながります。

サステナビリティ経営実現のための方法は様々ですが、企業活動に必要な物資やサービスを仕入れる「調達方法の見直し」も有効です。例えば、すでに気候変動対策などサステナビリティ経営に取り組んでいる企業との取引を拡大するというものです。

そのために、自社の事業内容や組織構造をすぐに変えることは難しいかもしれませんが、事業活動で使用する原料や備品などを変えることもサステナビリティ経営につながります。全体への貢献度は小さいとはいえ、すぐに着手できる方法であるのはたしかでしょう。

2 **名ばかりの部署にしない努力を**

　日本の多くの企業は現在、「サステナビリティ部」「サステナビリティ推進室」などといった名の部署を設けています。そして、この部署を軸に全社のサステナビリティ戦略や方針を検討し、各事業部のサステナビリティの実行を支援する役割を担っています。

　しかし、企業の事業運営や経営計画と分離した形でサステナビリティ戦略・方針を作成しているケースも見受けられるのが現状です。サステナビリティを中期経営計画に組み込もうとする企業も増えていますが、**KPI**（**重要業績評価指標**＝CO_2や水、原材料などを図る指標）をうまく設定できずに頓挫するケースも少なくありません。慎重な対応が望まれています。

FIGURE 14　第5のステップの要諦

実践段階への移行

方法論を特定する

各事業・部門のアクションプランに落とし込む

企業活動に必要な物資やサービスを仕入れる
調達方法の見直しも有効

CHAPTER 2

SuMPOのサステナビリティ実践法

一般社団法人サステナブル経営推進機構のサステナビリティ経営に有効なLCA手法について見ていくことにします。

CHAPTER 2

「サステナビリティ経営」実現のためのステップ

1 ライフサイクル思考の LCA を活用

CHAPTER 1で紹介した、一般社団法人サステナブル経営推進機構（SuMPO）は、企業のサステナビリティ経営に有効な手法として、バックキャスティング、**ライフサイクルアセスメント（LCA）**、**ハンズオン***手法を活用しています。強みとなっているのがLCAです。

LCAとは、製品の原材料調達から生産、流通、使用、廃棄に至るまでのライフサイクルにおける投入資源、環境負荷およびそれらによる地球や生態系への潜在的な環境負荷を定量的に評価する手法です。製品の一生を通じた環境影響を定量評価することで、自社の環境配慮設計（**エコデザイン**）に客観的な根拠と信頼性を与える手法といえます。

SuMPOでは、サステナビリティが求められる時代に導入が期待されるイノベーティブな新技術、例えば、電気自動車や再生可能エネルギー、水素、バイオ素材などについて、研究・技術開発段階から社会実装までを想定したサステナビリティの側面および環境負荷削減への貢献量の評価を行うことは重要と説明しています。

***ハンズオン** マネジメントに深く関与する共創の手法。関与側が保有スキルを活用し、関与先の業務改善のサポートを実施する。

47

SuMPOの壁谷武久専務理事は、「LCAはライフサイクル思考であり、サプライチェーン全体を俯瞰できるので問題の端緒を見出すことが可能になります。また、中立かつ公正な立場を貫き、すべて科学的論拠、学術論文、統計データに基づき数値を算定するため、社会から信頼され、信用される要因にもなっています」と強調しています。

2 4つのフェーズで評価する

LCAで評価される環境影響領域は、都市域大気汚染をはじめ、有害化学物質、オゾン層破壊、地球温暖化、生物毒性、酸性化、富栄養化、光化学オキシダント、土地利用、廃棄物、資源商品、室内空気質汚染、騒音など多領域に及んでいます。

その実施手順は「ISO14040」で国際規格化されており、次の4つの手順で進められます。

①目的と範囲の設定
②インベントリ分析
③インパクト評価
④結果の解釈

インベントリ分析は、LCAの対象となる製品やサービスに関して、投入される資源やエネルギー（インプット）および生産または排出される製品・排出物（アウトプット）のデータを収集し、明細表を作成するというものです。

インパクト評価では、インベントリ分析で得られた環境負荷データの明細表をもとに、地球温暖化や資源消費などの各カテゴリーへの環境に与える影響を定量的に分析します。

15 ライフサイクルアセスメント（LCA）とは

原料となる資源の採取や素材製造、部品製造、製品製造、流通、使用、廃棄に至る製品のライフサイクル全体を通じた、投入資源・エネルギー、排出する環境負荷物質およびそれらによる地球や生態系への潜在的な環境影響を定量的に評価する手法

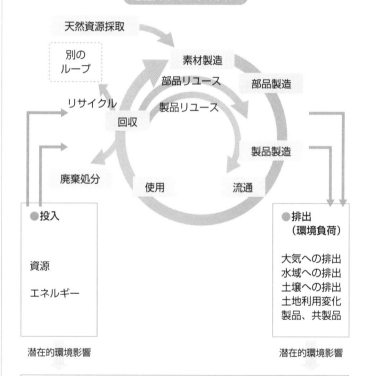

製品のライフサイクル

天然資源採取

別のループ

素材製造

部品リユース

部品製造

リサイクル

製品リユース

回収

製品製造

廃棄処分

使用

流通

●投入

資源

エネルギー

●排出
（環境負荷）

大気への排出
水域への排出
土壌への排出
土地利用変化
製品、共製品

潜在的環境影響

潜在的環境影響

地球・生態系

出所：一般社団法人サステナブル経営推進機構（SuMPO）のホームページ

LCAの評価結果は、企業における自社製品の評価（製品の環境面での改善、生産工程の環境面での改善、エコプロダクツ＝環境配慮製品の開発）をはじめ、製品の環境情報の提供（消費者の製品選択、グリーン調達の実現）、技術システムの導入などの意思決定に活用することができます。

　SuMPOはこれまで、一貫してLCAに関する産官学の窓口的役割を担ってきました。1998年からは経済産業省主導で二期間にわたるLCAプロジェクト（第㈵期：1998〜2002年、第㈪期：2003〜2005年）が実施され、パブリックデータベースの構築・整備などが進められました。

　2006〜2008年には経済産業省の製品グリーンパフォーマンス高度化推進事業を受託し、LCA推進における地域展開、中小企業支援を行っています。2009〜2011年には経済産業省他4省庁連携による**カーボンフットプリント**＊制度試行事業を受託し、その成果を受けて民間プログラムとして運用しています。

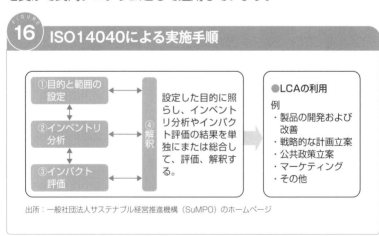

16 **ISO14040による実施手順**

①目的と範囲の設定

②インベントリ分析

③インパクト評価

④解釈　設定した目的に照らし、インベントリ分析やインパクト評価の結果を単独にまたは総合して、評価、解釈する。

●LCAの利用

例
・製品の開発および改善
・戦略的な計画立案
・公共政策立案
・マーケティング
・その他

出所：一般社団法人サステナブル経営推進機構（SuMPO）のホームページ

＊**カーボンフットプリント**　Carbon Footprint of Products の略称。商品やサービスの原材料調達から廃棄・リサイクルに至るまでのライフサイクル全体を通して排出される温室効果ガスの排出量を CO2に換算して、商品やサービスにわかりやすく表示する 仕組み。LCA 手法を活用し、環境負荷を定量的に算定する。

Column

GX 推進法制定で加速する
サステナブルファイナンス

2023年5月12日、「脱炭素成長型経済構造への円滑な移行の推進に関する法律」、いわゆる**GX推進法**が成立しました。脱炭素社会への転換を目指す**グリーン・トランスフォーメーション**（**GX**）の政策が本格的に動き出しています。

脱炭素の実現には新技術の開発や産業構造の転換が不可欠になります。そのために政府は、今後10年間で官民合わせて150兆円を超えるGX投資を目指すと表明しています。まさにサステナブルファイナンスの出番となっています。

持続可能な社会の実現に向け、有効性の高い手段として注目を集めているのが、**サステナブルファイナンス**による資金調達です。金融機関も顧客である企業のサステナビリティ経営戦略を支援し、地域企業の持続的成長に貢献する、このサステナブルファイナンスに積極的に取り組んでいます。

GX推進法は、150兆円の投資の呼び水になる20兆円規模の政府資金を調達するための「GX経済移行費」の発行や、CO_2の排出に価格を付けて化石資源の消費量やCO_2排出量の削減を促すカーボンプライシング（炭素税や国内排出量取引など）の導入が柱になっています。

GX推進法が制定される前から、政府はサステナブルファイナンスの拡大を推進してきました。特に、脱炭素経済社会の移行のためのトランジション・ファイナンスの分野です。政策の後押しもあり、国内のサステナブルファイナンスの市場は順調に拡大しています。

日本証券業協会がまとめている「日本国内で公募されたSDGs債の発行額・発行件数の推移」によると、2022年の発行額は前年比5割増の約4兆4600億円に達しています。金額面では**ソーシャルボンド**や**グリーンボンド**（太陽光や風力発電など、「グリーン」とされるプロジェクトへの資金を調達するために発行される債券）の比率が高く、伸び率では**トランジションボンド**（**移行債**）が突出しています。

　トランジションボンドは、前年の200億円の21倍に当たる4212億円になっています。

　GX推進法の制定によって、この勢いはさらに増すことが予想されます。サステナブルファイナンスは、企業のサステナビリティ経営の実現に不可欠な支援策といえるでしょう。

脱炭素成長型経済構造への円滑な移行の推進に関する法律
（GX推進法）の5つの柱

①GX推進戦略の策定・実行
②GX経済移行債（トランジションボンド）の発行
③成長志向型カーボンプライシング※の導入
④GX推進機構の設立
⑤進捗評価と必要な見直し

※**カーボンプライシング**　化石資源の消費によるCO_2の排出に価格を付け、化石資源の消費量やCO_2排出量の削減を促す方策。炭素税や国内排出量取引、クレジット取引などがある。

CHAPTER

3

サステナビリティ経営
の実践事例

　サステナビリティ経営を導入・推進している企業がいった
いどのくらいあるのか、それを具体的に示す統計資料などは
ないのが現状です。

　企業のホームページで、「サステナビリティ」のメニューを
掲げる企業は多いものの、果たして経営に浸透しているのか
どうかの判断は困難です。それでも充実した内容やニュース
リリースなどから、「この企業は本物を目指している」と実感
することも少なくありません。

　この章では、そうした企業にスポットを当て、実践事例と
して見ていくことにします。

海外での評価が高い
〜積水化学工業

サステナビリティ経営の実践事例として、プラスチック成型加工製品を手がける積水化学工業について見ていくことにします。

1 「Global 100」に6年連続、8回目の選出

住宅およびプラスチック成型加工製品を手がけている**積水化学工業**の事例について見ていくことにしましょう。

同社は「環境設計から入って社内制度を整備し、売上に連動させている。CO_2に特化するのではなく、総合的なアプローチでサステナビリティ経営を推進しており、海外での評価が高い企業」といわれています。

たしかに同社の業績は好調で、2023年3月期は純益最高を更新し連続増配を果たしています。同社のサステナビリティ経営は、グループ一体での推進にあたり、サステナビリティ委員会のもとに環境、CS品質、人材など7分科会を設置しています。サステナビリティ委員会は、社長を委員長、ESG経営推進部担当専務執行役員を副委員長として年2回開催しています。

名称こそESG経営ですが、サステナビリティ経営と置き換えてもいいでしょう。年2回の委員会開催で将来、グループが直面する可能性のある全社的なリスクや機会を抽出してマテリアリティ（重要課題）を適宜見直すと共に、全社方針やKPI（重要業績評価指標）の決定、全社実行計画の策定および取り組み状況のモニタリングを行っています。

その同社は、世界で最も持続可能性の高い100社「2023Global 100」に選出されています。2018年から6年連続、8回目の選出です。

2 「サステナビリティ貢献製品」へ進化

「Global 100」とは、カナダのコーポレートナイツ社が、世界の調査対象企業（2023年は約6700社）の中から環境、社会、ガバナンスなどの観点で持続可能性を評価し、上位100社を選出しているものです。

積水化学工業は、サステナブルレベニュー（環境貢献度または社会貢献度の高い製品・サービスの販売によって得た収益）、サステナブル投資（設備投資や研究開発）、サステナビリティと報酬の連動などの項目で高い評価を受けました。日本企業の選出は同社のほか、エーザイ、コニカミノルタ、リコーのわずか4社でした。

サステナビリティ経営の実践では、「社会課題解決貢献力」「利益創出力」「持続経営力」の3つの柱を掲げています。基盤強化に向けては400億円のESG投資枠を設定しています。環境負荷低減や働き方改革、デジタル変革（DX）などにより長期的に資本コストを抑制し、企業価値向上に寄与する投資としています。

2006年にスタートした環境貢献製品制度では、CO_2排出量や廃棄物の削減など、文字通り「環境」視点で策定した評価項目に沿って、該当する製品を環境貢献製品と認定しています。また、新たに持続可能かどうかという新しい視点での評価も加えて、「サステナビリティ貢献製品」へと進化させています。

トップダウンで、「挑戦すること自体が尊い」という考え方が着実に浸透しており、本当の意味でのサステナビリティ経営の定着に向けて全社的な取り組みをさらに強化していく方針です。

17 積水化学工業のサステナビリティ経営推進体制（2021年度～）

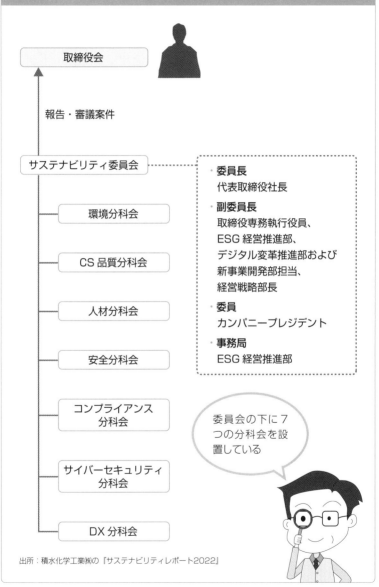

取締役会

報告・審議案件

サステナビリティ委員会

- 委員長
  代表取締役社長
- 副委員長
  取締役専務執行役員、
  ESG 経営推進部、
  デジタル変革推進部および
  新事業開発部担当、
  経営戦略部長
- 委員
  カンパニープレジデント
- 事務局
  ESG 経営推進部

環境分科会

CS 品質分科会

人材分科会

安全分科会

コンプライアンス
分科会

サイバーセキュリティ
分科会

DX 分科会

委員会の下に7
つの分科会を設
置している

出所：積水化学工業㈱の『サステナビリティレポート2022』

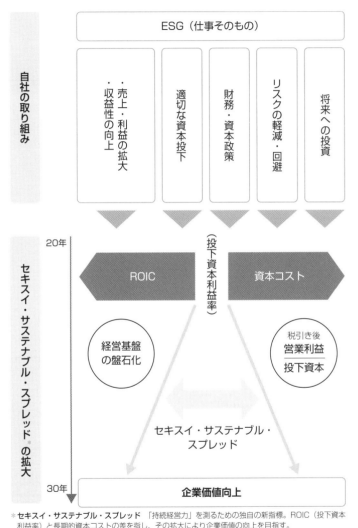

FIGURE 18 「持続経営力」の概要

ESG（仕事そのもの）

自社の取り組み

- ・売上・利益の拡大
- ・収益性の向上

適切な資本投下

財務・資本政策

リスクの軽減・回避

将来への投資

セキスイ・サステナブル・スプレッド* の拡大

20年

ROIC（投下資本利益率）

資本コスト

経営基盤の盤石化

税引き後 営業利益／投下資本

セキスイ・サステナブル・スプレッド

30年

企業価値向上

*＊**セキスイ・サステナブル・スプレッド**　「持続経営力」を測るための独自の新指標。ROIC（投下資本利益率）と長期的資本コストの差を指し、その拡大により企業価値の向上を目指す。*

出所：積水化学工業㈱の『サステナビリティレポート2022』

19 サステナビリティ貢献製品の位置付け

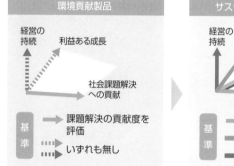

環境貢献製品

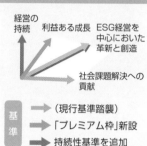

サステナビリティ貢献製品

サステナビリティ貢献製品の売上高・比率の推移

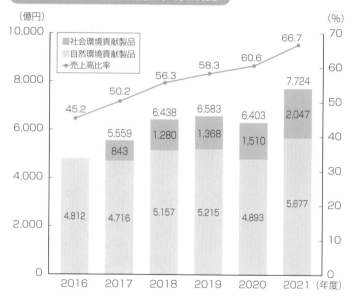

出所：積水化学工業㈱の『サステナビリティレポート2022』

3-2 材料の高度化と社会価値を重視 ～日本製鉄

サステナビリティ経営の実践事例として、粗鋼生産量で国内首位の日本製鉄について見ていくことにします。

1 LCA の視点で環境負荷を低減

　粗鋼生産量で国内首位、世界4位の**日本製鉄**もサステナビリティ経営の先進企業といえるでしょう。「日本は製品を使うときのエネルギーの使用量の競争ばかりをしているが、いまは上流側の素材や部品加工といったメーカーがこぞって最終製品に負荷をかけないための努力をしている。これは本物の取り組み」といわれるのが鉄鋼業界です。中でも日本製鉄は、とりわけ材料の高度化と社会価値を極めて重視してサステナビリティ経営を推進していると評価されています。

　鉄は資源が豊富で何度でも循環する持続可能な素材です。それを同社はLCA（ライフサイクル・アセスメント）の視点で製品の環境負荷を製造時から、使用、廃棄、またはリサイクルされるまでのライフサイクル全体で「見える化」し、製鉄プロセスのカーボンニュートラル化を推進しています。もちろん、将来も持続可能な素材として供給していくためです。

国際規格ISO 14025に準拠したSuMPOによる「**エコリーフ宣言**」＊の認証をこれまでに47製品で取得（2023年5月30日現在）しており、同社の鉄鋼製品の大半をカバーしています。これにより、顧客は鋼管製品のライフサイクルでの環境負荷を客観的に評価することが可能になります。さらに、環境負荷低減につながる鋼管商品群の活用と合わせて、サプライチェーン全体でのカーボンニュートラルに向けた取り組みをより一層強化することも期待されます。

② **6つの環境方針を制定**

日本製鉄はサステナビリティ経営という言葉ではなく、『サステナビリティレポート 2022』の中で、「**環境経営**」と表現しています。「環境経営を企業の使命と考え、環境基本方針を制定している」として、次の6つを掲げています。

①事業活動の全段階における環境負荷の低減（エコプロセス）

②環境配慮型製品の提供（エコプロダクツ）

③地球全体を視野に入れた環境保全への解決提案（エコソリューション）

④革新的な技術の開発

⑤豊かな環境づくり

⑥環境ソリューション活動の推進

また、SDGsの目標達成を目指すために、環境方針に基づいて、気候変動対策の推進、環境リスクマネジメントの推進など5つの重点分野を特定し、様々な環境問題に取り組んでいます。

＊**エコリーフ宣言**　LCA手法を用いて、宣言された製品の資源採取から製造、物流、使用、廃棄・リサイクルに至るまでの環境情報を定量的に開示するEPD（Environmetal Product Declaration）認証制度の一つ。SuMPOが運営管理している。

FIGURE 20 日本製鉄の6つの環境基本方針

1	事業活動の全段階における環境負荷の低減（エコプロセス）
2	環境配慮型製品の提供（エコプロダクツ®）
3	地球全体を視野に入れた環境保全への解決提案（エコソリューション）
4	革新的な技術の開発
5	豊かな環境づくり
6	環境リレーション活動の推進

FIGURE 21 SDGs 達成のための5つの重点分野

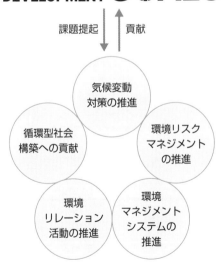

持続可能な開発目標（SDGs）

SUSTAINABLE DEVELOPMENT GOALS

課題提起 ／ 貢献

気候変動対策の推進

環境リスクマネジメントの推進

環境マネジメントシステムの推進

環境リレーション活動の推進

循環型社会構築への貢献

22 環境マネジメントの推進体制

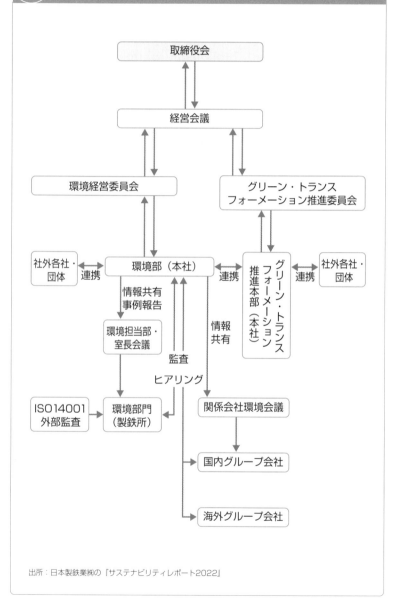

出所：日本製鉄業㈱の『サステナビリティレポート2022』

その推進に当たっては、環境関連問題に対応する組織として環境経営委員会およびグリーン・トランスフォーメーション推進委員会の2つの委員会を組織し、自社の製鉄所はもとより、国内外のグループ会社を含めた環境ガバナンス・マネジメント体制を構築しています。さらに、社内外の環境監査を組み合わせたPDCA（計画、実施、監査・改善施策）によって、環境リスクを低減する活動を進めているのが現状です。

カーボンニュートラル化を通じた2つの価値の提供

社会全体の CO_2 排出量削減に寄与する高機能鋼材とソリューションの提供	鉄鋼製造プロセスの脱炭素化 カーボンニュートラル スチールの提供

⬇ ⬇

高機能鋼材とソリューションを提供し、
顧客（国内約6,000社）の国際競争力を支えていく。

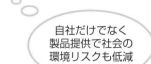

自社だけでなく製品提供で社会の環境リスクも低減

出所：日本製鉄㈱の『サステナビリティレポート2022』

医薬品アクセス向上に注力
～エーザイ

> サステナビリティ経営の実践事例として、グローバル製薬企業のエーザイについて見ていくことにします。

1 「2023 Global 100」に選出

　世界で最も持続可能な100社「2023 Global 100」に選出された日本企業4社のうちの1社が製薬企業の**エーザイ**です。7回目の選定で、グローバル製薬企業では最上位となる53位にランクされました。

　「Global 100」は、ESGなどの取り組みに関する25の評価項目が設定され、各企業の財務情報や統合報告書などの開示情報に基づいて評価されます。同社は、安全な職場環境や疾病による休職支援制度、従業員の定着率など従業員価値の向上に関する項目で、特に高く評価されました。

　その同社は、「ヒューマン・ヘルスケア」を企業理念に掲げ、地球環境や社会的課題の解決に積極的に取り組むことで社会のサステナビリティに貢献するとの基本方針を表明しています。「社会から企業への要請でもあるこれらのESGに対する取り組みは、非財務の価値として当社の企業価値向上にもつながる」とも強調しています。

　同社は、グループでグローバルに展開するヘルスケア企業として「エーザイ・ネットワーク企業環境方針」を定め、地球環境の保全を重視した企業活動を展開しています。環境行動指針として、「温室効果ガスの排出削減や省エネルギーを推進し、気候変動の緩和に貢献する」などと明記し、脱炭素社会の実現に向けた取り組みをグローバルに進めています。

また、カーボンニュートラルは、2040年までに達成するという中長期目標の達成を目指しています。

2 全社一体の取り組みを強化

エーザイは、持続可能な社会の実現や長期的な企業価値向上のための取り組みを任務とする専任部署のサステナビリティ部を設置。各部門が対応する個別のESG課題や社外の環境を俯瞰し、全社一体となった取り組みを可能とする体制を整備しています。

同部署は、同社がサステナビリティへの重要な貢献と位置付ける医薬品アクセス向上、つまり、貧困や医療システムの不備などから、必要な医薬品が患者に届かないという問題を改善するといったことに関するイニシアティブの策定・実行も担っています。

環境マネジメントの推進にあたっては、全社環境安全委員会を設置し、環境保全に関連した重要事項の審議・決定を行っています。また、この委員会を軸に温室効果ガスの排出削減や資源の有効利用などグローバルな活動を推進すると共に、国内外における環境面からのリスク把握や、その対策の確立に向けた活動強化にも取り組んでいます。

グループの各事業所では、独自のマネジメント体制を構築し、環境活動を推進。国内主要拠点をはじめ、蘇州工場(中国)、バイザッグサイト(インド)の各生産拠点では、ISO14001取得に基づく活動を推進し、環境教育、環境リスク対応を目的とした訓練の実施など意識面からの向上を図っています。

2021年度のグループにおける事業活動に使用する電力への再生可能エネルギー導入率は63.1%。23年度までに100%の達成を目指しています。

24 エーザイの特定課題のプロセス

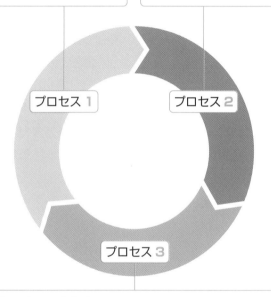

●課題の特定
各種ガイドライン（製薬産業の評価基準など）や持続可能な開発目標などを参考に課題を特定

●優先順位づけとマテリアリティ・マトリックスの作成
特定した課題を企業理念や中期経営計画に照らして優先順位づけし、マトリックスを作成

プロセス1

プロセス2

プロセス3

●レビューとアップデート
社外有識者からのレビューを通じて多角的な視点で精査を行い決定。課題への取り組みの進捗などを踏まえてアップデートを実施

出所：エーザイ㈱のホームページ

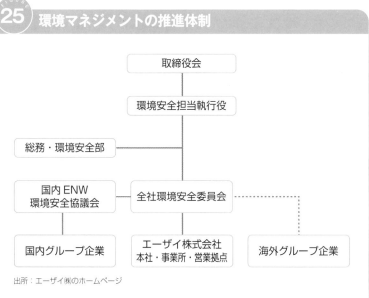

FIGURE 25　環境マネジメントの推進体制

```
                    ┌──────────┐
                    │  取締役会  │
                    └──────────┘
                         │
                 ┌──────────────┐
                 │ 環境安全担当執行役 │
                 └──────────────┘
                         │
┌──────────────┐        │
│ 総務・環境安全部 ├────────┤
└──────────────┘        │
                         │
┌──────────────┐ ┌──────────────┐
│    国内 ENW    ├─┤ 全社環境安全委員会 │┄┄┄┄┄┄┄┐
│  環境安全協議会  │ └──────────────┘        ┆
└──────────────┘        │                  ┆
        │                │                  ┆
┌──────────────┐ ┌──────────────┐ ┌──────────────┐
│ 国内グループ企業 │ │ エーザイ株式会社 │ │ 海外グループ企業 │
└──────────────┘ │本社・事業所・営業拠点│ └──────────────┘
                 └──────────────┘
```

出所：エーザイ㈱のホームページ

FIGURE 26　再生可能エネルギーの導入実績

(%)

年度	目標	実績
2015		0
2016		0.6
2018	4.8	
2019	16.0	26.8
2020	28.0	52.9
2021	57.0	63.1

出所：エーザイ㈱のホームページ

サステナビリティ格付けも高評価 ～リコー

サステナビリティ経営の実践事例として、事務機国内首位級のリコーについて見ていくことにします。

1 通算11回目の「Global 100」選定

　事務機国内首位級の**リコー**も世界で最も持続可能な100社「2023 Global 100」に選出されています。2005年から2014年に10年連続、今回で通算11回目の選定となっています。

　リコーグループは、目指すべき持続可能な社会の姿を、経済（Prosperity）・社会（People）・地球環境（Planet）の3つのPのバランスが保たれている社会「Three Ps Balance」として表しています。この目指すべき社会の実現に向け、「事業を通じた社会課題解決」とそれを支える「経営基盤の強化」の2つの領域で7つのマテリアリティを特定。各マテリアリティに紐づく16のESG目標を設定し、これらの解決に取り組んでいます。

　2020年からは役員報酬にサステナビリティ指標を導入すると共に、日本における再エネ導入の加速に向け、同社CEOが日本政府と対話を行うなど、気候変動対応に向けたロビー活動にも積極的に取り組んでいます。こうしたリコーの姿勢が評価され、「2023 Global 100」の選定につながったと見られます。

　同社の大山晃CEO（代表取締役 社長執行役員）は、サステナビリティに関して、「事業の成長には、その事業が社会課題の解決に寄与していることが必須であると信じています。SDGsに貢献しない事業は淘汰される、また、ESGへの取り組みは事業における将来のリ

スク回避・機会の獲得につながる『将来財務』との認識で活動を進めています」と語っています。

2 7つのマテリアリティを特定

リコーは、前述のようにグループでESGの経営戦略への統合を図るため、**7つのマテリアリティ**を特定しています。事業を通じた社会課題解決の領域で4つ、経営基盤の強化で3つとなっています（図表参照）。

その特定プロセスは次の通り、STEP1〜4で展開しています。

STEP1：課題抽出

STEP2：課題の優先順位付け

STEP3：経営の意志決定

STEP4：目標の設定・実績開示

サステナビリティの推進に当たっては、2018年5月にESG委員会を設置しています。ESG委員会はCEOを委員長とし、グループマネジメントコミッティ（GMC）メンバーと監査役およびサステナビリティ担当役員で構成しています。サステナビリティ推進本部が事務局を務め、サステナビリティ課題を横断的に検討・議論していく体制を整えています。

同社は、世界的な調査・格付け会社であるアメリカのS&Pグローバル社のサステナビリティ格付けで、上位5%のスコアを獲得し、「Sustainability Yearbook 2023」のメンバーに選出されています。2023年は、61のセクターで世界7800社以上を対象に評価を実施、708社が選定されました。同社は2019年から継続して同メンバーに選定されており、サステナビリティ先進企業といえるでしょう。

事業を通じた社会課題解決

Prosperity
（持続可能な経済）

"はたらく" の変革

地域・社会の発展

脱炭素社会の実現

循環型社会の実現

People
（持続可能な社会）

Planet
（持続可能な地球環境）

経営基盤の強化

課題解決で４つ
経営基礎の強化で
３つ

責任あるビジネスプロセスの構築

オープンイノベーションの強化

多様な人材の活躍

出所：㈱リコーのホームページ

FIGURE 28 7つのマテリアリティに対する取り組みと ESG 目標

マテリアリティ	戦略的意義	事業を通じた社会課題解決（抜粋） 2030年目標	注力事業	21次中経ESG目標（2025年末）
脱炭素社会の実現 7 ... 13 ...	バリューチェーン全体の脱炭素化に取り組み。カーボンニュートラルへの貢献を通じたビジネス機会を創出する。	GHGスコープ1,2の63%削減およびスコープ3の40%削減 使用電力の再生可能エネルギー比率50%	・環境・エネルギー ・環境配慮型MFP ・商用印刷／産業印刷 ・SLL／ラベルレス ・PLAiR	①GHGスコープ1,2削減率（2015年比） 50% ②GHGスコープ3削減率（2015年比） 35% ③使用電力の再生可能エネルギー比率 40% ④削減貢献量 1,400千t
循環型社会の実現 12 ...	自社および顧客のサーキュラーエコノミー型ビジネスモデル構築によりビジネス機会を創出する。	バリューチェーン全体の資源有効活用と製品の新規資源使用率60%以下		⑤製品の新規資源使用率 80%以下

出所：㈱リコーのホームページ

FIGURE 29 経営基盤の強化

マテリアリティ	戦略的意義	21次中経ESG目標 (2025年度末)	
オープンイノベーション の強化 9 17	社会課題解決型の事業を迅速に生み出すために、自前主義を脱却し新たな価値を創出するプロセスへの転換を図る。	⑥共同研究・開発契約のウェイト	25%
		⑦デジタルサービス特許出願比率*1	60%
多様な人材の活躍 8 5 10	多様な人材がポテンシャルを発揮できる企業文化を育み、変化に強い社員・会社へと変革する。	⑧リコーデジタルスキルレベル2以上の人数 (国内)	4,000人
		⑨プロセスDXシルバーステージ認定者育成率*2	40%
		⑩エンゲージメントスコア*3	グローバル：3.91、日本：3.69、北米：4.18、中南米：4.14、欧州：4.01、APAC：4.15
		⑪女性管理職比率	グローバル：20%（国内：10%）

*1：特許出願数に占めるデジタルサービス貢献事業に関する特許出願数の割合
*2：プロセスDXの型に基づいたプロセス改善実績のある人材の育成率（母数は各ビジネスユニットの育成対象組織総人員数）
*3：Gallup社のQ12 Mean スコアを採用
出所：(株)リコーのホームページ

SDGsの視点で価値創造図る 〜コニカミノルタ

サステナビリティ経営の実践事例として、複合機中堅のコニカミノルタについて見ていくことにします。

1 5つのマテリアリティを特定

　複合機で中堅の**コニカミノルタ**も世界で最も持続可能な100社「2023 Global 100」に選出されています。2011年、2019〜2022年に次いで5年連続6回目の選定です。

　同社は、2003年の統合以来「サステナビリティ」を経営の中核に位置付けています。そのうえで、製品の省エネ性能を高めて顧客使用時のCO_2排出量を削減するだけでなく、顧客の製造プロセスや働き方を変革することで、SDGsの視点で社会・環境問題を解決する製品やソリューションを創出しています。

　新製品の開発では、製品の製造、輸送、使用、廃棄に至る各過程での環境負荷を洗い出し、評価項目を設定して製品アセスメントを行う仕組みを構築しています。全ライフサイクルの過程で環境に及ぼす影響を低減するのが狙いです。

　この仕組みの運用により、「**国際エネルギースタープログラム**」＊をはじめ、ドイツの「ブルーエンジェルマーク」、日本の「エコマーク」など各国環境ラベルへの適合条件となる環境性能をクリアした製品のみを市場に送り出しています。

＊**国際エネルギースタープログラム**　オフィス機器の国際的省エネルギー制度。製品の消費電力などについてアメリカEPA（環境保護庁）により基準が設定され、この基準を満たす製品に「国際エネルギースターロゴ」の使用が認められている。

これにより、最新の環境順法の対応や、含有化学物質の管理、製品の環境性能向上を確実に実行することが可能になっています。

2020年には、10年後の2030年にあるべき「持続可能な社会」の姿を見据えて、「いまなすべきこと」をバックキャスティングによって、**5つのマテリアリティ**として特定しています。

2 「2030年の目指す姿」を明確化

特定されたマテリアリティは、「働きがい向上および企業活性化」「健康で高い生活の質の実現」「社会における安全・安心確保」「気候変動への対応」「有限な資源の有効利用」の5つ。この5つのマテリアリティごとに「2030年の目指す姿」を定め、中長期的な価値創出・創造の方向性を明確にしています。

事業でも5つのマテリアリティを意識した取り組みを推進しています。例えば、インダストリー事業では、製造現場で熟練工の経験値に基づくスキルに依存した検査工程を自動化・省人化することで技術継承問題を解決。同時に最終製品の高品質化に貢献することで「働きがい向上および企業活性化」に取り組んでいます。

また、プロフェショナルプリント事業では、適時・適量・適所での生産による輸送・保管・廃棄・中間材の低減により、「気候変動への対応」と「有限な資源の有効利用」を図っています。さらに、ヘルスケア事業では、個別化医療の実現と早期発見・早期診断による「健康で高い生活の質の実現」に取り組んでいます。

マテリアリティとして特定した様々な課題を、どのような事業戦略で中長期的に解決していくのか。それを明確にすることも重要です。このため同社は、中長期経営戦略策定などを担う企画・戦略部門と事業部門が一体となって新たな中期経営計画を策定し、企業の成長と持続可能な社会の実現に挑戦しています。

FIGURE 30 コニカミノルタのサステナビリティ戦略

2030年
社会・環境
課題解決

バック
キャスティング

逆算思考

・世の中が解決を求める社会・環境課題
・コニカミノルタのリソースを活用して
社会・環境課題を解決することで
事業成長

5つのマテリアリティ

働きがい向上
および
企業活性化

社会における
安全・安心
確保

有限な資源の
有効利用

健康で高い
生活の質の
実現

気候変動
への対応

今、何を
成すべきか

FIGURE 31 持続的な成長に向けた企業価値の向上

人間社会にとっての新しい価値の提供

持続的
成長

社会・環境課題解決

企業価値

イノベーション（自らの進化の継続）

事業の成長

マテリアリティごとの2030年に目指す姿と関連するSDGs

FIGURE 32

マテリアリティ	2030年に目指す姿	関連するSDGs
働きがい向上および企業活性化	自社およびお客様・社会での生産性を高め、創造的な時間を創出し、個々が輝ける環境を整備	5 ジェンダー平等を実現しよう / 7 エネルギーをみんなにそしてクリーンに / 8 働きがいも経済成長も / 9 産業と技術革新の基盤をつくろう / 10 人や国の不平等をなくそう / 12 つくる責任つかう責任 / 13 気候変動に具体的な対策を / 17 パートナーシップで目標を達成しよう
健康で高い生活の質の実現	自社およびお客様・社会での健康で高い生活の質を提供し、個々の豊かな生活を実現	3 すべての人に健康と福祉を / 8 働きがいも経済成長も / 17 パートナーシップで目標を達成しよう
社会における安全・安心確保	お客様・社会の労働や暮らしにおける安全安心を高めるとともに、自社製品・サービスのリスクを最小化	9 産業と技術革新の基盤をつくろう / 11 住み続けられるまちづくりを / 12 つくる責任つかう責任 / 17 パートナーシップで目標を達成しよう
気候変動への対応	自社のCO₂排出を削減しつつ、お客様・調達先でのCO₂削減を拡大し、社会のカーボン量を削減	7 エネルギーをみんなにそしてクリーンに / 9 産業と技術革新の基盤をつくろう / 13 気候変動に具体的な対策を / 17 パートナーシップで目標を達成しよう
有限な資源の有効利用	自社資源の有効利用を進めつつ、お客様・調達先などでの資源の有効利用貢献量を創出	6 安全な水とトイレを世界中に / 12 つくる責任つかう責任 / 13 気候変動に具体的な対策を / 14 海の豊かさを守ろう / 15 陸の豊かさも守ろう / 17 パートナーシップで目標を達成しよう

出所：コニカミノルタ㈱のホームページ

世界への発信力を期待
～トヨタ自動車

サステナビリティ経営の実践事例として、自動車販売で世界首位を走るトヨタ自動車について見ていくことにします。

1 方向性を打ち出す段階に

自動車販売で世界首位を走る**トヨタ自動車**は、日本が誇るグローバル企業です。SuMPOの壁谷武久専務理事は、「(サステナビリティ経営に対して) いま必死に取り組んでいます。世界を意識して情報を発信できるのはトヨタ自動車だけといってもいいでしょう。世界的大企業だからこそ、その仕組みづくりなど、どう打ち出していこうか、ローカルのトップ企業を巻き込みながら、その方向性を出そうとしている段階です」と語っています。

同社は2015年10月、「**トヨタ環境チャレンジ2050**」を発表しました。持続可能な社会の実現に貢献するための新たなチャレンジについて発表したもので、様々な社会課題に向き合ってきました。その一つのカーボンニュートラルについては、「トヨタだけで実現することはできないため、トラックやバイク、エネルギー、物流など多くの分野で仲間を増やし、協力して取り組みを進めています」と表明しています。

同社の「サステナビリティ」は、他社の充実した内容に比べ、"質素" という印象を受けます。やはり、SuMPOの壁谷専務理事が指摘しているように、「思考中」だからということでしょうか。それでも、世界的大企業である同社のサステナビリティの現状を紹介する価値はあると筆者は見ています。

同社のサステナビリティ基本方針は、「社会・地球の持続可能な発展への貢献」で、「幸せの量産」をミッションに掲げています。

2 「幸せを量産する」という使命感

主なサステナビリティ関連の個別方針として、トヨタ自動車は地球環境憲章、人権方針、仕入先サステナビリティガイドライン、トヨタ行動指針などを挙げています。地球環境憲章の考え方を踏まえて、2015年に発表したのが、6つのチャレンジで構成する前述の「トヨタ環境チャレンジ2050」です。

その一つである「人と自然が共生する未来づくりへのチャレンジ」を通し、同社は自然共生の活動の輪を地域・世界とつなぎ、未来へつなぐ取り組みを行っています。具体的には、SDGsの目標として、「持続可能なライフスタイル」と「陸上生態系の保全」の2つを挙げています。

サプライチェーン関連で挙げている、仕入先サステナビリティガイドラインでは、①人間性を尊重する職場づくり、②現地現物に徹したモノづくり、③弛まぬ改善、④双方向コミュニケーションという4つの姿勢で取り組むとしています。

サステナビリティのトップメッセージで、豊田章男代表取締役会長は、「私たちの使命は、世界中の人たちが幸せになる、モノやサービスを提供すること、『幸せを量産すること』だと思っております。そのために、…国際社会が目指しているSDGsに本気で取り組む」と表明しています。SuMPOの壁谷専務理事は、「佐藤恒治新社長の下で、何か新しいことを打ち出していくのではないか」と、今後のトヨタ自動車のサステナビリティに期待をかけています。

FIGURE 33 「トヨタ環境チャレンジ2050」の3つの領域と6つのチャレンジ

もっといいクルマ

<チャレンジ1> 新車CO_2ゼロチャレンジ

・2050年グローバル新車平均走行時CO_2排出量を90%削減（2010年比）

<チャレンジ2> ライフサイクルCO_2ゼロチャレンジ

・ライフサイクル視点で、材料・部品・モノづくりを含めたトータルでのCO_2排出ゼロ

もっといいモノづくり

<チャレンジ3> 工場CO_2ゼロチャレンジ

・2050年グローバル工場CO_2排出ゼロ

<チャレンジ4> 水環境インパクト最小化チャレンジ

・各国地域事情に応じた水使用量の最小化と排水の管理

いい町・いい社会

<チャレンジ5> 循環型社会・システム構築チャレンジ

・日本で培った「適正処理」やリサイクルの技術・システムのグローバル展開に向けて、2016年から2つのプロジェクトを開始

<チャレンジ6> 人と自然が共生する未来づくりへのチャレンジ

・自然保全活動を、グループ・関係会社から地域・世界へつなぎ、そして未来へつなぐために、2016年から3つのプロジェクトを展開

幸せの量産を掲げている。

出所：トヨタ自動車㈱のホームページ

34 トヨタ自然共生方針の位置付けと SDGs の目標

工場 CO$_2$
ゼロチャレンジ

水環境
インパクト
最小化
チャレンジ

ライフ
サイクル CO$_2$
ゼロ
チャレンジ

6つの
チャレンジ

循環型社会・
システム構築
チャレンジ

新車 CO$_2$
ゼロ
チャレンジ

人と自然が
共生する未来
づくりへの
チャレンジ

自然保全活動の輪を地域・世界と
つなぎ、そして未来へつなぐ

推進の考え方
トヨタ自然共生方針

この取り組みを通じて特に貢献可能なSDGsの目標

12.8
持続可能なライフスタイル

15.1
陸上生態系の保全

15.a
資金の確保

出所：トヨタ自動車㈱のホームページ

3軸経営を深化
～三井化学

サステナビリティ経営の実践事例として、三井系の総合化学メーカー、三井化学について見ていくことにします。

1 実行フェーズへ移行

三井系の総合化学メーカー、**三井化学**はグループとして2006年に経済・環境・社会の3軸経営を打ち出して以来、様々な取り組みを進めてきました。2018年4月にはESG推進室を設置し、3軸経営を深化させてESGを中核に据えた経営を推進していくことを表明しました。2022年には、2030年に向けた長期経営計画である「**VISION 2030**」を策定し、実行フェーズへの移行を進めています。

そして、サステナビリティとして「SDGs等で示されているグローバルなESG課題に対し、社会および当社グループの持続可能な発展を目指す」ことを挙げています。その手段が次の2点です。

・ビジネス機会を探索し、事業活動を通じた課題解決を図ること
・当社グループの将来リスクを認識し、企業として社会的責任を果たすこと

そして、課題として「ESG要素の経営/戦略への組み込み」「ESG情報開示力の強化」を挙げています。

同社は2018年6月、ESGに関する取り組みを高めるため、CSR委員会をESG推進委員会に改組しました。その役割は、グループのESG推進に関する方針・戦略・計画・施策の審議、各個別委員会などの重点課題、強化・改善の方向性の明確化などとなっています。

ESG経営を実践するため、全社員を対象とした自由参加の対話型オンラインイベントも開催しています。

② 2つのマテリアリティを特定

　三井化学グループは、15〜20年先に目指すべき企業グループ像を「化学の力で社会課題を解決し、多様な価値の創造を通して持続的に成長し続ける企業グループ」と定義しています。さらに、グループが取り組む方向性として、「環境と調和した循環型社会」「健康・安心に暮らせる快適社会」「多様な価値を生み出す包摂社会」という3つの未来社会の姿を設定しています。

　これら3つの未来社会の実現に向けて取り組むべきマテリアリティを特定し、「VISION 2030」における基本戦略に織り込んでいます。また、「VISION 2030」の確実な実行のための非財務指標として、マテリアリティに基づくKPIと目標を定めています。そして、これらの非財務指標を基に具体的なPDCAを回しながら企業価値の向上につなげていくとしています。

　特定したマテリアリティは、「気候変動」と「サーキュラーエコノミー」の2つで、それらがもたらす事業への影響を機会とリスクの両面で定量的に評価・分析し、中長期的な事業戦略に反映しています。

　リスクおよび機会の洗い出しに当たっては、同社のリスク管理体制のもとで全社横断的に実施しています。また、サーキュラーエコノミニーに向けた各戦略の推進を加速する施策の一つとして、2022年4月にインターナルカーボンプライシング（ICP）*の見直しも行っています。

※**インターナルカーボンプライシング（ICP）**　企業が独自に炭素価格を設定し、組織の戦略や意思決定に活用する手法。カーボンプライシングの方法の一つ。

35 三井化学グループのサステナビリティ

SDGs等で示されているグローバルなESG課題に対し、下記を通じて、社会および当社グループの持続可能な発展を目指す。

課題

ESG要素の経営/戦略への組み込み

・取締役会・全社戦略会議・ESG推進委員会における戦略討議と経営への反映
・事業・R&Dを巻き込んだ事業創出とイノベーション促進

ESG情報開示力の強化

・投資機関・顧客・ESG評価機関への訴求力向上
・ESG対話の強化

36 ESG 関連問題の推進体制

ESG 推進委員会	委員長　　：社長 副委員長：ESG 推進委員会担当役員 委員　　　：役付執行役員、本部長、関係部長他 事務局　　：ESG 推進室
サーキュラーエコノミー CoE（センターオブエクセレンス）	事務局：グリーンケミカル事業推進室

ステアリングコミッティ

統括：CTO　メンバー：各本部長

バイオマス ワーキンググループ	リサイクル ワーキンググループ	気候変動 ワーキンググループ

関連部署の参加

出所：三井化学㈱のホームページ

企業グループ理念

地球環境との調和の中で、材料・物質の革新と創出を通して
高品質の製品とサービスを顧客に提供し、もって広く社会に貢献する

目指すべき企業グループ像

化学の力で社会課題を解決し、多様な価値の創造を通して
持続的に成長し続ける起業グループ

目指す未来社会

環境と調和した 循環型社会	多様な価値を 生み出す包摂社会	健康・安心に くらせる快適社会

三井化学グループのマテリアリティ

持続可能な社会への貢献

事業継続の前提となる調題			事業継続に不可欠な能力		
安全	人権 尊重	リスクコンプライアンス マネジメント	企業文化	人的資本	イノベーション
	品質	安定生産	デジタルトランス フォーメーション		パートナー シップ

VISION2030

出所：三井化学㈱のホームページ

3-8 成長戦略の核と位置付け推進 〜イオン

サステナビリティ経営の実践事例として、総合スーパーを中心に展開するイオンについて見ていくことにします。

1 サステナビリティ経営がイオンの使命

国内流通2強の一角、総合スーパー（GMS）中心に展開する**イオン**は、サステナビリティ経営について次のように宣言しています。

「企業が果たすべき責任の重要性の高まりに応えるために、『持続可能な社会の実現』と『グループの成長』の両立を目指し、サステナブル経営を推進していくことがイオンの使命だと認識しています。『イオン サステナビリティ基本方針』のもと、中長期かつグローバル水準の目標を定め、ステークホルダーの皆さまと連携し、持続可能な社会の実現に向けた取り組みを進めています」

基本方針では、「取り組みに当たっては、『環境』『社会』の両側面で、グローバルに考え、それぞれの地域に根ざした活動を積極的に推進する」と表明しています。サステナビリティ推進の運営責任部署として、「イオン環境・社会貢献部」を設置すると共に、事務局としてグループ各社への情報発信・指導・支援する役割を担っています。

さらに、「未来につながる『より良いくらし』を提案し続けていくことがイオンの存在意義であり、イオンのサステナビリティの目指す姿」と定義しています。そのうえで、ESGの視点に立ち、グローバルレベルでの環境・社会課題の解決に向けて長期的に取り組んでいるというのが、同社のサステナビリティの現状です。

1980年代後半からサステナビリティ活動に組織的に取り組む体制づくりを進めてきたのも特徴です。

2 6つのマテリアリティを特定

　イオンは、サステナビリティ経営の推進に当たり、環境・社会分野の多くの課題のうち、事業活動を通じて優先的に解決すべきマテリアリティを特定しています。「脱炭素社会の実現」「資源循環の促進（脱プラ・食品廃棄物）」「生物多様性の保全」「持続可能な調達」「人権を尊重した公正な事業活動の実践」「コミュニティとの協働」の6つです。

　同社は、サステナビリティを事業の中心に据え、成長戦略の核として位置付けています。成長戦略では、デジタルシフトの加速と進化、サプライチェーン発想での独自価値の創造、新たな時代に対応したヘルス＆ウエルネスの進化、イオン生活圏の創造、アジアシフトのさらなる加速という5つの変革を掲げています。

　この5つの変革への挑戦を続けると共に、マテリアリティのうち、脱炭素社会の実現では、店舗、商品・物流、顧客の3つの視点から、店舗で排出するCO_2を総量でゼロにすることを目指し、再生可能エネルギーへの切り替えなど取り組みを加速しています。

　資源循環の促進では、「使い捨てプラスチックの削減」「素材の転換」「店舗を拠点とした資源循環モデルの構築」を進めています。また、2025年までに食品廃棄物を半減させる計画も掲げています。

　食品のCO_2排出量の削減度合いを示すラベルの貼付にも乗り出しています。野菜など最大23品目にラベルを付けて販売するという、CO_2削減の見える化の推進です。

イオンのサステナビリティ経営

持続可能な
社会の実現

サステナブルな社会の実現

デジタルシフトの加速と進化

グループ
の成長

アシアシフトの
さらなる加速

サプライチェーン発想
での独自価値の創造

新中期経営計画「5つの変革」
(2021〜2025年度)

イオン生活圏
の創造

ヘルス&ウエルネス
の進化

中期的な
取り組み

----- イオン サステナビリティ基本方針 -----

私たちイオンは、「お客さまを原点に
平和を追求し、人間を尊重し、地域社会に貢献する」
という基本理念のもと、「持続可能な社会の実現」と
「グループの成長」の両立を目指します。
取り組みにあたっては、「環境」「社会」の
両側面で、グローバルに考え、
それぞれの地域に根ざした活動を、
多くのステークホルダーの皆さまとともに
積極的に推進してまいります。
(2018年9月改訂)

イオンの基本理念

出所：イオン㈱のホームページ

39 サステナビリティ経営の推進体制

取締役会

⇅

イオン・マネジメントコミッティ

⇅

環境・社会貢献責任者

⇅

イオン（株）環境・社会貢献部

⇅

グループ環境・社会責任者会議

グループ会社	グループ会社	グループ会社	グループ会社

各WG　各WG

出所：イオン㈱のホームページ

40 「社会への影響度」と「事業の関連性」で 6つの重点分野を特定

社会への影響度	イオンの事業との関連性		
高		水リスク・水資源	気候変動／省資源・資源環境（プラスチックを含む）／食品廃棄物／生物多様性損失（森林破壊）
		貧困／福祉／児童労働／移民労働	健康・衛生／製品安全 防災・街づくり／高齢社会／買物弱者／人権
	教育／少子化／待機児童	差別・格差（ジェンダー、LGBT、先住民、障がい者、マイノリティ等）／働きがい／労働環境／動物福祉／介護	廃棄物 雇用創出／ダイバーシティ
	原子力・放射能	土壌汚染／廃水／騒音／悪臭／排気ガス	
低	贈収賄／虐待	個人情報・プライバシー保護／賃金／ワークライフバランス／ハラスメント／被災地の復旧・復興	
低	イオンの事業との関連性		高

環境課題／社会課題

イオンにとっての重点分野6項目

・脱炭素社会の実現
・資源循環の促進（脱プラ・食品廃棄物）
・生物多様性の保全
・持続可能な調達
・人権を尊重した公正な事業活動の実践
・コミュニティとの協働

出所：イオン㈱のホームページ

SDGsの取り組みを最優先 〜三菱HCキャピタル

サステナビリティ経営の実践例として、三菱UFJグループで リース首位級の三菱HCキャピタルについて紹介します。

1 脱炭素社会の実現など6つを特定

三菱HCキャピタルは、三菱UFJグループで、2021年4月に日立キャピタルと統合したリース首位級の企業です。2023年4月に合併新会社として初の中期経営計画を策定しました。経営理念として真っ先に打ち出したのが、「社会価値を創出することで、持続可能で豊かな未来に貢献する」という姿勢です。SDGsへの取り組みを最優先項目に挙げたことになるといってもいいでしょう。

2021年4月、経営戦略と一体となったサステナビリティの主導と推進を目的としたサステナビリティ委員会を設置しています。委員会は経営企画本部長を委員長とし、社長執行役員のほか、事業部門およびコーポレートセンターを担当する執行役員を委員として構成。非財務分野の活動進捗や目標達成状況の確認、新規活動の審議、非財務指標の討議などを幅広く行い、その結果は経営会議と取締役会に報告されるという体制を整備しています。

同社はグループが持続的に成長するうえで優先的に取り組むべきテーマとして、次の6つのマテリアリティを特定しています。自社視点での「重要なESG課題」の検討などを経ての特定です。

① 脱炭素社会の推進
② サーキュラーエコノミーの実現

③ 強靭な社会インフラの構築

④ 健康で豊かな生活の実現

⑤ 最新技術を駆使した事業の創出

⑥ 世界各地との共生

② デジタル技術を活用し地域振興も

　リース事業の対象は、コピー機から航空機まで幅広いが、もともとSDGs的な要素が強いビジネスといえます。新規に設備を導入する際、買わずに借りる。返却された備品をまた、別の会社が借りる。つまり、資源を長く有効に使う姿勢は、SDGsにつながるのです。日本製の工作機械は中古でも人気があり、繰り返しリースされ、航空機は大手から格安航空会社へと受け継がれています。

　顧客の現状や課題を踏まえた「提案型・コンサル型」のリース事業にも精力的に取り組んでいます。顧客に主体的に働きかけるビジネスの展開ともいえるでしょう。こうした中、特定したマテリアリティの取り組みの成果も着実に出てきています。

　脱炭素社会の推進では、2023年3月に東京ガスの脱炭素プロジェクトを資金調達面も含めて支援するリース契約を締結しています。また、日本取引所グループの太陽光発電への取り組みを共同で進める覚書も結んでいます。

　最新技術を駆使した事業の創出では、デジタル化技術を活用した新事業の創出や地域振興に取り組んでいます。その一つとして、同社と福島県玉川村、NTTデータ、日立製作所の4社連携による、同村の「未来（あす）が輝く村づくり “元気な” たまがわ」プロジェクトを主導しています。今後は、玉川村の成果をモデルにSDGs的な視点を重視し、全国の自治体への展開を目指しています。

41 三菱HCキャピタルグループのマテリアリティ

マテリアリティ	SDGsとの関係
①脱炭素社会の推進	
②サーキュラーエコノミーの実現	
③強靭な社会インフラの構築	
④健康で豊かな生活の実現	
⑤最新技術を駆使した事業の創出	
⑥世界各地との共生	

42 マテリアリティ特定のプロセス

①自社視点での「重要な ESG 課題」の検討

⬇

②外部ステークホルダー視点での「重要な ESG 課題」の検討

⬇

③マネジメントによる討議・審議

43 マテリアリティと経営理念・経営ビジョンの関係性

マテリアリティ

1 脱炭素社会の推進
2 サーキュラーエコノミーの実現
3 強靭な社会インフラの構築
4 健康で豊かな生活の実現

マテリアリティ

3 強靭な社会インフラの構築
6 世界各地との共生

経営理念
わたしたちは、
アセットの潜在力を
最大限に引き出し、
社会価値を創出する
ことで、持続可能で
豊かな未来に
貢献します

マテリアリティ

5 最新技術を駆使した事業の創出

マテリアリティ

4 健康で豊かな生活の実現

経営ビジョン
法令等を遵守し、健全な企業経営を実践することで、
社会で信頼される企業をめざします

社会課題の解決を重視 ～セブン＆アイ・ホールディングス

サステナビリティ経営の実践例として、国内首位の流通グループ、セブン＆アイ・ホールディングスについて紹介します。

1 事業活動を通じた CSR に注力

国内首位の流通グループ、**セブン＆アイ・ホールディングス**は、「信頼される、誠実な企業でありたい」という社是に基づいて事業を展開しています。その実現のために取るべき行動を「企業行動指針」（サステナビリティ活動基本方針）として明文化しています。

行動指針は、セブン＆アイグループの全役員および従業員の基本姿勢を示したものであり、グループとして考え方を定めた「基本方針」と行動の原則を定めた「行動基準」に分かれています。基本方針は、安全で高品質な商品・サービスの提供、持続可能な社会実現への貢献など9項目。行動基準は、コンプライアンス（法令遵守）、地域社会・国際社会との関係、地球環境の保全など7項目を挙げています。

サステナビリティの推進体制として同社は、グループ全体の効果的、効率的なCSR（企業の社会的責任）活動を推進するために、年2回開催する代表取締役社長を委員長とした「**CSR統括委員会**」で傘下の5部会の活動状況報告を受けて指導・改善を図ると共に、持株会社と事業会社の連携強化を図っています。

トップメッセージで井坂隆一社長は、「社会と当社グループにとって重要性の高い重点課題（マテリアリティ）の解決に向け、社会課題解決と企業価値向上の両立を図り、持続可能な成長に資する流通サービスの実現に取り組んでいます」などと強調しており、事業活

動を通じた社会課題の解決に向けて、いかにCSRを重視しているか
が伺えます。

2 店舗網による循環型経済の推進も

　セブン＆アイ・ホールディングスは、7つのマテリアリティを特
定しています（図表参照）。次のとおり6STEPを経てのマテリアリ
ティ特定でした。

STEP 1：検討すべき社会課題の抽出
STEP 2：5000人を超えるステークホルダーへアンケートの実施
STEP 3：有識者とのダイアログ（対話）の実施
STEP 4：ステークホルダーとグループの意見を考慮した新しい重
　　　　　点課題の決定
STEP 5：重点課題に関わるリスクと機会の整理
STEP 6：アクションプランへの落とし込み

　2019年5月に同社は、環境宣言「GREEN CHALLENGE
2050」を公表しました。同宣言では、脱炭素社会、循環経済社会、
自然共生社会をセブン＆アイグループが目指すべき社会の姿として
掲げ、CO_2排出量の削減をはじめ、プラスチック対策、食品ロス・食
品リサイクル対策などの目標を定めています。マテリアリティ3の
「地球環境に配慮し、脱炭素・循環経済・自然と共生する社会を実現
する」は、環境宣言に基づく考え方がベースになっています。

　セブン＆アイグループのセブン―イレブン・ジャパンは、店舗網
を活かした環境活動を推進しています。全国の約2万1400店を対
象に、弁当類やパスタなど麺類の容器で使っていた着色剤や石油由
来のインクを減らす取り組みです。循環型経済の推進ともいえる取
り組みです。

44 セブン&アイグループの7つのマテリアリティ

マテリアリティ1	お客様とのあらゆる接点を通じて、地域コミュニティとともに住みやすい社会を実現する
マテリアリティ2	安全・安心で健康に配慮した商品・サービスを提供する
マテリアリティ3	地球環境に配慮し、脱炭素・循環経済・自然と共生する社会を実現する
マテリアリティ4	多様な人々が活躍できる社会を実現する
マテリアリティ5	グループ事業を担う人々の働きがい・働きやすさを向上する
マテリアリティ6	お客様との対話と協働を通じてエシカルな社会を実現する
マテリアリティ7	パートナーシップを通じて持続可能な社会を実現する

45 マテリアリティ改定のプロセス

STEP 1　検討すべき社会課題の抽出

抽出方法　・自社の方針　　　　　・国内外の社会課題　　480項目　▶　35項目
　　　　　・国際的なガイドライン・ESQ 評価項目

STEP 2　5000人を超えるステークホルダーへアンケートを実施

35項目の取り組むべき課題についてアンケートを実施

STEP 3　有識者とのダイアログの実施

STEP 4　ステークホルダーとグループの意見を考慮した新しい7つのマテリアリティを決定

STEP 5　マテリアリティに関わるリスクと機会の整理

STEP 6　アクションプランへの落とし込み

新しいマテリアリティに対して、目標を達成するアクションプランを策定

出所：㈱セブン&アイホールディングスのホームページ

CHAPTER
3
サステナビリティ経営の実践事例

セブン&アイグループの環境宣言「GREEN CHALLENGE 2050」の概要

策定日 2010年 5月
改定日 2020年12月
改定日 2021年 5月

目指す姿	具体的な取り組み	2030年の目標	2050年の目指す姿
脱炭素社会	CO₂排出量削減	グループの店舗運営に伴う排出量50%削減（2013年度比）。	グループの店舗運営に伴う排出量実質ゼロ。
		自社の排出量（スコープ1+2）のみならず、スコープ3を含めたサプライチェーン全体で削減を目指す。	
循環経済社会	プラスチック対策	オリジナル商品（セブンプレミアムを含む）で使用する容器は、環境配慮型素材（バイオマス・生分解性・リサイクル素材・紙、等）50%使用。	オリジナル商品（セブンプレミアムを含む）で使用する容器は、環境配慮型素材（バイオマス・生分解性・リサイクル素材紙、等）100%使用。
		プラスチック製レジ袋の使用量ゼロ。使用するレジ袋の素材は、紙等の持続可能な天然素材にすることを目指す。	―
	食品ロス・食品リサイクル対策	食品廃棄物を発生原単位（売上百万円あたりの発生量）50%削減（2013年度比）。	食品廃棄物を発生原単位（売上百万円あたりの発生量）75%削減（2013年度）。
		食品廃棄物のリサイクル率70%。	食品廃棄物のリサイクル率100%。
自然共生社会	持続可能な調達	オリジナル商品（セブンプレミアムを含む）で使用する食品原材料は、持続可能性が担保された材料50%使用。	オリジナル商品（セブンプレミアムを含む）で使用する食品原材料は、持続可能性が担保された材料100%使用。

CHAPTER 3
11 日本独自の戦略を立案 ～日本コカ・コーラ

サステナビリティ経営の実践例として、清涼飲料の製造・販売を事業とする日本コカ・コーラついて紹介します。

1 優先事項5項目と重点事項4項目

清涼飲料（原液）の製造販売を事業とする**日本コカ・コーラ**は2019年、コカ・コーラボトラーズジャパンと共同でサステナビリティの課題抽出と優先順位特定のための大規模な共同調査を行いました。

サステナビリティのグローバル目標達成に加えて、日本独自の課題をベースにした戦略を立案し、コカ・コーラシステム（日本コカ・コーラおよび日本の5つのボトラー社）共通のアクションプランへ落とし込むことを目的にしたものです。

その結果、「多様性の尊重（Inclusion）」「地域社会（Communities）」「資源（Resources）」の3つのプラットフォームと、直近に取り組むべき9つのマテリアリティ（重点課題）を特定しました。その特定プロセスは、①外部調査により日本国内の社会課題を抽出、②189の課題を33項目に絞り込み、③33項目をマテリアリティ・マトリックスにプロットし、マテリアリティ15項目を特定、④コカ・コーラシステム内におけるインタビュー実施とアップデート、⑤3つのプラットフォームとマテリアリティ9項目を特定、といったものでした。

9つのマテリアリティはさらに、喫緊の課題とする優先事項5項目と、現時点では優先度は比較的低いが重要と捉える重点事項4項目に分類。また、3つのプラットフォームにおけるSDGsとの関わりを検証し、SDGsの達成も目指しています。

　3つのプラットフォームのうち、「資源」では持続可能な容器への取り組みを加速させています。すでに、「コカ・コーラ」などの旗艦ブランドに100%リサイクルPETボトルを導入し、国内の清涼飲料事業における**サステナブル素材使用率**※を40%まで高めています。また、日本国内で販売する5ブランド、38製品に100%リサイクルPETボトルを使用。ラベルレス製品は「コカ・コーラ」の新ラベルレスボトル（350ml）を含め、8ブランド18製品にまで拡大しています。

　「多様性の尊重」では、女性リーダーの発掘と育成に焦点を当てた社内プログラム「AccelerateHER」などに取り組み、女性管理職比率は約40%にまで高めています。また、同性パートナーに対応した就業規則の改訂を完了した取り組みが評価され、職場におけるLGBTQ（性的少数者）への取組指標「PRIDE指標2021」でも最上位のゴールドを受賞しています。

　こうした取り組みと成果について、日本コカ・コーラのホルヘ・ガルドゥニョ社長は、「今日、サステナビリティは私たちの事業のあらゆる側面に統合され、未来の成長に欠くことのできない要因となっています。これらの取り組みを推進することこそが、コカ・コーラの事業目的である『Refresh the World. Make a Differrence（世界中をうるおし、さわやかさを提供すること。前向きな変化をもたらすこと。）の実現につながると確信しています』と語っています。

※ **サステナブル素材使用率**　ボトル to ボトルによるリサイクルPET素材と、植物由来PET素材の合計

47 日本コカ・コーラシステムの3つのプラットフォーム と9つのマテリアリティ

● 多様性の尊重

課題		中長期的な目標と方向性
優先事項	ジェンダー	・女性管理職の比率 50%※ ・男性の育児休業・休暇取得率100%※
	年齢/世代	・30代の管理職比率 15%※ ・年次有給休暇の取得率 80%※
重点事項	障がい者支援	障がい者への支援強化
	LGBTQ	・LGBTQの理解促進 ・同性婚に対する働きやすい環境整備

※日本コカ・コーラ単体

日本コカ・コーラの女性社員/女性管理職比率

女性社員比率

約40%
21年12月

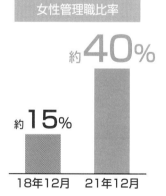

女性管理職比率

約40%

約15%

18年12月　21年12月

●地域社会

課題		中長期的な目標と方向性
優先事項	・全国規模で行う2つのプラットフォーム（多様性の尊重、資源）で貢献 ・持続可能で、かつ、地域にも関連性のある取り組み	・NPOグリーンバードとの回収活動の強化 ・日本製紙と持続可能な活動への協働 ・コカ・コーラシステム内へのサスティナビリティー教育の充実 ・国際海岸清掃活動の進化

●資源

課題		中長期的な目標と方向性
優先事項	容器/PET	・2025年までに、すべての製品のPETボトルにサスティナブル素材を使用 ・2030年までに、すべての製品のPETボトルを100%サスティナブル素材に切り替え 　　　　　　　　　　　　　　など
優先事項	水	・全工場で水源涵養率100%を達成 ・水資源効率の改善
重点事項	温室効果ガス排出量	2030年までに温室効果ガスをスコープ1、2において50%、スコープ3において30%削減（いずれも2015年比）
重点事項	再生可能エネルギー	工場や社屋における水力発電、太陽光発電などの再生可能エネルギーの導入や、各種省エネ対策を促進

出所：日本コカ・コーラ㈱のホームページ

社員を人的資本として重視 ～サラヤ

サステナビリティ経営の実践例として、衛生製品の製造・販売を手がけるサラヤについて見ていくことにします。

1 事業を通じた社会貢献に注力

衛生製品の製造・販売を手がける**サラヤ**は、事業を通じて社会課題を解決し、持続的な社会への貢献と企業価値向上を目指すという理念を掲げています。社員を人的資本として大切にしており、こうした姿勢が評価され、第13回（2023年）「**日本でいちばん大切にしたい会社**」大賞の経済産業大臣賞を受賞しています。大阪市に本社を置く未上場企業です。

その同社は、グループとしてのサステナビリティ推進のあり方を「サステナビリティ推進方針」で明らかにしています。それは次のような内容です。

「いま、世界の持続可能性について懸念がある中、サラヤの事業目標を通じて少しでもその解決に貢献したい。目的達成に向けてグローバルなネットワークを構築し、国内外に独自な商品やサービスの提供を行うことで事業を発展させる。ビジネスを通じて地球環境課題、社会的課題への対応を経営方針の重要課題の一つと位置付け、お客さまへの環境価値提案を通して、持続可能な社会の実現に貢献する」

それを推進するのが、サステナビリティ推進本部です。部門ごとにTQM推進委員会を選任し、同本部と連携してSDGsなどのサステナビリティに関する活動を推進しています。

推進方法としては、経営マネジメントシステムであるTQM*の中で、SDGs達成に向けた各部門の施策にPDCAを回して取り組んでいます。

2 全社員が自社の成長を推進

サステナビリティ推進のための行動指針として、①マテリアリティを特定し、事業活動を通して社会的課題を解決、②社会との信頼関係の構築、③真のグローバル企業の確立とガバナンス強化によるサステナビリティ経営の実現　④地球環境の保全、資源の持続可能な活用を目指した新商品の開発、新事業の創設、バリューチェーン、事業活動マネジメントの強化、⑤サステナビリティ推進に対する社員への教育の実施、といった5つを定めています。

サラヤの創業は1952年、殺菌・消毒ができる「パールパームせっけん液」を製造・販売したのが始まりです。戦後間もない当時の日本は衛生環境が悪く、薬用せっけん液は感染予防に効果的だとして広く導入されました。同社は創業時から社会課題の解決に貢献することで、成長を続けてきたといっても過言ではないようです。

ロングセラー商品の「ヤシノミ洗剤」は、植物由来の洗剤で排水が素早く微生物に分解され、自然にやさしいというのが特徴です。食器用洗剤では後発で、性能のほかに付加価値で勝負する必要があり、環境問題に着目したといいます。

同社は社員一人ひとりが、それぞれのルーツや個性を多様性として尊重しており、全社員が自社の成長を推進する力となって、「衛生・環境・健康」に貢献しています。まさにサステナビリティを推進しているのです。

* TQM　Total Quality Management の略。

48 サラヤのサステナビリティ推進方法

経営方針

↓

部門方針・施策

製品提供	サービス提供	業務改善

人づくり	社会貢献

↓

経営目標達成

↓

期待される社会価値の実現
SDGs17の目標・指標達成貢献

出所：サラヤ㈱のホームページ

サステナビリティ推進方針

サラヤグループのサステナビリティ推進のための行動指針を以下に定めます。

1. マテリアリティを特定し、事業活動を通して社会的課題を解決

サラヤグループおよび社会にとっての持続可能な成長につながるマテリアリティを特定し、事業活動を通して企業価値の向上を目指す。
また、新しい市場ニーズの発見とそのニーズに対応できる様々なソリューションを提案し、実現することによって社会的課題を解決し、組織の活性化を進める。

2. 社会との信頼関係の構築

3. 真のグローバル企業の確立とガバナンス強化によるサステナビリティ経営の実現

ニッチ分野でグローバルな生産と営業体制の確立を目指す。
また、グローバルなガバナンスを各種コミュニケーション手段を駆使して強化する。
公平性および透明性のあるサステナビリティ経営を実現する。

4. 地球環境の保全、資源の持続可能な活用を目指した新商品の開発、新事業の創設、バリューチ エーン、事業活動マネジメントの強化

地球温暖化対策、生物多様性および生態系の保護等地球環境の保全に向けた事業活動を行うとともに、SDGsの推進を絡め合わせて新商品の開発、新事業の創設につなげ、持続可能な発展と、豊かな社会の実現を目指す。
また、取扱商品のサプライチェーンの資源の利用状況を把握し、持続可能なバリューチェーンの構築を目指す。それら運用管理のための仕組みであるマネジメントシステムの有効活用にて事業のマネジメントを強化し、詳細なガバナンスの開示を行う。

5. サステナビリティ推進に対する社員への教育の実施

「サステナビリティ推進」を実践するのは、グループ構成員である全社員の一人ひとりであり、とりわけ持続可能な開発目標である「SDGs」を理解し、社会的課題解決に関する認識を醸成するための教育を行う。
「サステナビリティ推進方針」に基づき本来業務を通してTQMのフレームワークにて、それぞれの部門で目標達成を果たす。

出所：サラヤ㈱のホームページ

Column

「真似事の段階」にあるのか!?
日本企業のサステナビリティ経営

　大企業をはじめ、中小・中堅企業を問わず、サステナビリティ経営という視点で見た場合、いまのところどの程度進んでいるのでしょうか。SuMPOの壁谷武久専務理事はこう語っています。

　「まだ何も動いていない、膠着状態にあるというのが実態ではないでしょうか。見かけ上、確かにレポートの書き方は上手になっています。しかし、経済成長を前提とした中でしか追求していないのだから、恐れずに言えば、真似事の段階に入ったところだと認識しています」

　もちろん、SuMPOが目指す「企業価値を経済価値と捉え、それに地球環境問題などの社会課題解決に向けた社会価値が加わるという視点を重視」したサステナビリティ経営に舵を切っている企業も少なくないのは事実です。ただ、壁谷専務理事が指摘しているように、社会価値を重視したサステナビリティ経営は「緒に就いたところ」というのが現在の偽らざる姿ではないでしょうか。

　「まだ道半ば」ではあるものの、影響力が大きいことから、本章ではトヨタ自動車の事例を紹介しました。そのトヨタ自動車の2023年6月14日開催の株主総会に出された株主提案は、「ESGの原点を問うもの」との問題を浮き彫りにしました。

　公的年金を運用するオランダのAPGアセットマネジメントやデンマーク、ノルウェーに本拠を置く機関投資家の3社が、トヨタの気候変動関連の開示について「投資家の期待に照らして不十分」「渉外活動の評価に十分な情報を株主に提供していない」として、定款の変更を求めたのです。

トヨタの脱炭素の取り組み自体は前向きに捉えているものの、不十分な情報開示が同社の評判やブランド毀損のリスクを懸念しての提案だったようです。この提案は株主総会で否決されましたが、日本株式会社ともいえるトヨタの株主総会は、日本の脱炭素の姿勢そのものが問われる場になったのは間違いないでしょう。

　ESGを巡っては、アメリカ国内で関連の企業活動に対して懐疑的な見方が広がっています。ESG投資についても迷走気味の議論が続いていますが、ESGの原点は、経済的な利益の追求であることに異論はないでしょう。ただ、社会問題解決に向けた社会価値の追求という視点での日本企業のサステナビリティ経営への道は、壁谷専務理事が指摘しているように、まだまだ遠いというのが実態ではないでしょうか。

サステナビリティ経営
を成功させるために

　サステナビリティ経営の実現、そして成功させるカギは
SX、つまりサステナビリティ・トランスフォーメーションに
あるといわれています。そのSXをどのように経営戦略の中
に取り込んでいけばよいのでしょうか。

　この章では、これからの「稼ぎ方」の本流になっていくとも
される、サステナビリティ経営におけるSX戦略を中心に、同
経営成功への道筋について見ていくことにします。

SXで思考の転換を目指す

サステナビリティ経営の戦略実現に欠かせない、全社的な改革であるSXのポイントについて見ていくことにします。

1 全社的改革の SX が不可欠

サステナビリティ経営は、通常の経営戦略の付加的な手法ではなく、根幹の経営戦略そのものです。「経営戦略のど真ん中にサステナビリティを置き、経営戦略のあらゆる側面に組み込んでいくことが大事」（伊藤邦雄・一橋大学CFO教育センター長）なのはいうまでもありません（1-1参照）。

ただ、サステナビリティ経営戦略は、通常の経営戦略より時間軸が長期であることには留意するべきでしょう。伊藤氏は、「（サステナビリティ経営戦略では）サステナビリティを実現する強靭な価値共創ストーリーを描くことが重要。ストーリーの策定に当たっては、パーパス（存在意義）を重視し、長期の時間軸でリスクと機会に目配りすることです」とも指摘しています（4-5参照）。

そして、そのサステナビリティ経営戦略の実現には全社的な改革である**SX**（**サステナビリティ・トランスフォーメーション**）が不可欠です。企業のサステナビリティ経営への改革を支援しているPwC Japanグループによると、SXとは①トレードオン事業を追求すること、②統合思考で長期的戦略を考えること、③実現できる仕組みを構築することの3点に集約されます（1-10参照）。

トレードオンとは、一見両立しそうもない二律背反を超え、新た
な価値を生み出すことで両立させてしまうことを指します。経済価
値と社会価値を両立させる、まさにサステナビリティです。

2　トレードオンの思考転換を

　PwC Japanグループは、サステナビリティ経営について、「長期
で利益を出し続けるために、リソース配分を行うこと」と定義して
います。長期で利益を出し続けるために、①その企業が長期にわ
たって市場から求められ続けること、②供給（原材料、知財、人材な
ど）を長期的に維持すること、③社会から信頼され続けることの3
点が必要としています。

　長期的な市場の行方を適切に見定めることだけでは不十分で、供
給体制が維持できなければ、その要求に応えることはできません。
また、社会から信頼されず、ブランド価値が毀損してしまうような
ことがあれば、長期的な事業継続は不可能になってしまいます。

　長期的な変化は構造的な変化であり、一定程度、予測することが
できます。ですから、どのような変化が起きようとしているのかを
理解し、現在の自社の強み・能力でその変化に対応できるのか。対
応できない部分があるとしたら何が足りないかを考え抜き、強い意
志をもって自社の変革をリードすることも欠かせません。

　これがまさに、真のサステナビリティ経営というわけですが、SX
は長期的視点で自社の目標を掲げ、利益を出し続けること、そして
そのための資源配分の最適化でもあるのです。SXでは、とりわけ環
境や社会へのコミットを、**トレードオフ**（両立できない関係性）では
なく、トレードオンで捉える思考の転換が必要になります。

「統合思考」を理解する重要さ

サステナビリティ経営を成功に導く「統合思考」のポイントと
メリットについて見ていくことにします。

1 持続可能性の向上に有効

　前項で触れた**統合思考**について補足しておきましょう。「統合思
考を理解すれば、サステナビリティ経営が見えてくる」とまでいわ
れています。

　統合思考とは、2010年に設立された**国際統合報告評議会（IIRC）**
が提唱し始めた、サステナビリティ経営の基礎となる考え方です。
IIRCは、**統合報告書***を作成する際に考慮すべき原則や、開示すべき
情報の内容に関して、国際統合報告フレームワークを日本語を含む
複数の言語で2013年12月に発行しています。同フレームワーク
では、統合報告のプロセスが組織内部の縦割りを取り除く「統合思
考」につながることを意図しています。

　統合思考は、もっぱら財務諸表に焦点を当てた短期的思考から、
組織の様々な結果（価値創造）を短、中、長期的に考えることが本質
です。組織における統合思考は、事業戦略において利用し影響を与
える財務資本、製造資本、知的資本、社会・関係資本、**自然資本***と
いう6つの資本、さらに組織が直面するリスクと機会、見通しと

---

* **統合報告書**　企業の独自の強みである知的資産（定性的データ）と財務データ（定量的データ）の両方の観点から、
　自社の独自の強みや経営ビジョン、今後の事業展開とその見通しについてまとめた報告。
* **自然資本**　森林、土壌、水、大気、生物資源など自然によって形成される資本（ストック）のことで、自然資本
　から生み出されるフローを生態系サービスとして捉えることができる。自然資本の価値を適切に評価し、管理し
　ていくことが、国民の生活を安定させ、企業経営の持続可能性を高めることにつながるとされる。

日々の意思決定を踏まえ、それらの統合的なマネジメントにつなが
る、としています。

　また、統合思考は、利用する資本の将来性の利用可能性に与える
影響を顕在化させ、将来志向や持続可能性を向上させることも期待
されます。統合思考が組織活動に浸透することによって、より自然
な形でマネジメントにおける報告、分析および意思決定において情
報の結合性が実現されます。

2　統合思考によるメリットも多い

　統合思考は、

・資本に対するポジティブな影響を増大させ、ネガティブな影響を
　最小化するための情報に基づく戦略決定を支援する
・幅広い見地からの事業の現実を反映したリスクの把握に活用でき
　る
・機会の掌握強化
・ビジネスプロセスの見える化とプロセスギャップの顕在化
・ガバナンスの情報が得られる
・環境・社会への取り組みの情報が得られる

などのメリットにつながることも期待されています。

- 資本に対するポジティブな影響を増大させ、ネガティブな影響を最小化するための情報に基づく戦略策定

- 幅広い見地からの事業の現実を反映したリスクの把握

- 機会の掌握強化

- ビジネスプロセスの見える化とプロセスギャップの顕在化

- 資本の配分、活用、取り組みの解説

- ガバナンスの情報

- 環境・社会への取り組みの情報

- 業績と経営層報酬の関係を明らかにする

- ビジネスパフォーマンスや見通し（規制、セグメント開示、サプライチェーン）における重要な測定基準についての考え方、レポーティングについての有効なヒントになる

- 非財務資産がどのように会社特有の要素を創造し、結果どのように競争力強化につながっているかを経営層がハイライトできる

- 特にIPO予備軍であれば、成長の指針を進化させる

- どのように国際基準の透明性を確立しているかを見込み顧客に示す

- 社会との対話と信頼を向上

出所：「フィスコ統合報告レポート Vol.3　総合思考（Integrated thinking）とは？」

SXは人材投資が欠かせない

> サステナビリティ経営に欠かせないSX戦略実行の担い手である人材投資について見ていくことにします。

1 経営戦略と人材戦略の連動を

サステナビリティは、後戻りすることのない不可逆の潮流です。サステナブル経営の実現には、全社的な改革であるSXに取り組む必要がありますが、そのSX実行の担い手である人材への投資が欠かせません。

とはいえ、アメリカのギャラップ社が組織のエンゲージメントを測るツールとして実施している調査で、日本企業はエンゲージメントの高い「熱意溢れる社員」の割合がわずか6%に過ぎません。アメリカの32%と比べて極めて低く、調査した139カ国中132位と最下位レベルでした。この状況下で、SXを担える人材を育成できるか、大いに疑問だと指摘する関係者も少なくありません。

日本企業をサステナビリティで再び蘇らせるためにも、人的資本経営を徹底的に実践し、企業価値創出につなげていかなければならないのです。そこで必要となる人材戦略の視点は、「経営戦略と人材戦略の連動」と「目指すべき姿と現状の間のギャップの把握（見える化）」、そして「組織や個人の行動変容を促すような企業文化の定着」の3点といわれています。このうち、重要となるのは、経営戦略と人材戦略の連動です。

こうした視点を踏まえたうえで、伊藤邦雄・一橋大学CFO教育センター長は、「経営戦略のど真ん中にサステナビリティを置き、経営

戦略のあらゆる側面に組み込んでいくことが大事」と提唱しています。まずは、サステナビリティを成長のための機会と捉え、イノベーション創造につなげるというわけです。

2 ISO30414の認証、活用企業が急増

　国際標準化機構 (ISO) が策定した人的資本の開示ガイドラインにISO30414があります。ISO30414は全11項目58指標からなり、項目には「倫理とコンプライアンス」「ダイバーシティ」などが並んでいます。

　同ガイドラインのコンサルティングや審査・認証、プロフェッショナル育成などを手がける、人的資本経営の支援会社によると、日本において認証や活用を目指す企業が急増しているといいます。認証は、①同ガイドラインの求める姿と当該企業のギャップの認識、②それを埋める対策の実施、③適合性の測定——という3ステップで行われます。

　日本企業には「企業は人なり」という伝統があり、SX人材の育成にも拍車がかかることになりそうです。

51 SX を狙える人材の育成

「熱意あふれる社員」
日本は世界で最下位レベル

アメリカのギャラップ社の従業員エンゲージメント調査で日本は「熱意あふれる社員」の割合が6%で調査対象139カ国中132位

↓

人的資本への投資が欠かせない

SXを実現する人材戦略のカギは

サステナビリティ経営に欠かせないSXの人材戦略のキーポイントを中心に見ていくことにします。

CHAPTER

4

サステナビリティ経営を成功させるために

1 「スモールスタート、クイックウィン」で臨む

前述のように、SXの実現には変革を支える人材の力を集め、引き出すことが欠かせません。その際、社会のサステナビリティの変化を感知し、自社の取り組みを**KPI(重要業績評価指標)**も使いながら進捗管理していくことが重要です。

しかし、その人材戦略では、KPIをあまりに多く取り上げるのは避けるべきでしょう。なぜなら、社員の労力が膨れ上がり、とん挫や形骸化のリスクが高まるからです。KPIを絞り込み、現状把握や分析の時間を短縮することが必要でしょう。そうすることで改善策の構築や実行ど、より重要なアクションに時間が割けることにもなるのです。

KPIの選択と集中と合わせ、「**スモールスタート、クイックウィン**」(小さく始め、素早く果実を得る)を意識したアプローチも重要になります。例えば、大企業の場合であれば、いきなり組織全体で取り組まずに小さな部署単位から始めることも有効です。こうした人的資本経営のためのデータ処理や可視化、そしてそこから示唆を得るためのシステムを提供している支援会社などを利用することも選択肢の一つです。

人的資本の開示ガイドラインであるISO30414には、指標が58ありますが、そのすべての指標に対して完璧に取り組んでいる企業はほとんどないといってもいいでしょう。ただ、その活用によって、指標ごとの課題の抽出は可能であり、そこが人材戦略の可視化の足がかりになるはずです。

2　指標選びと集合知化がポイント

　ISO30414の指標ごとの課題抽出では、重要性と緊急性が最も高いテーマから指標を選ぶべきでしょう。また、SX推進における人材戦略では、経営をはじめ人事、現場の関係者を集めて集合知化を図ることが重要です。集合知化とは、多くの人の知識を蓄積して価値のある情報として体系化することです。

　指標で可視化されるのは、あくまで「単なる事実」に過ぎません。指標の数値の良しあしは、見る人の立場で異なるもの。だからこそ、多くの社員を巻き込んだ議論と解釈が大切になるのです。

　可視化した課題を生かせる体制づくりと、得られたデータを経営に活用することも必要になります。

　人的データの活用で成果を得るためには、人事における「課題特定」「仮説策定」「分析」「施策実行」のケイパビリティ（能力・力量）を持つ4者が必要とされています。そして、4者がプロジェクトの意義や目的、着地点を共有していることが重要となるのです。

　人的データの活用で大切なのは、定性と定量とのかけ合せ、あるいはアナログとデジタルのかけ合わせがポイントだと指摘する関係者もいます。

52 「ISO 30414」の項目一覧と指標（一部）

項目	指標
①倫理と コンプライアンス	・苦情や懲戒処分の種類と件数 ・倫理・コンプライアンス研修を受けた従業員の割合　など
②コスト	・人件費、採用コスト、離職に伴うコスト ・総給与に対する特定職の報酬割合　など
③ダイバーシティ （多様性）	・従業員の年齢・性別・障害 ・経営陣のダイバーシティ
④リーダーシップ	・リーダーシップに対する信頼 ・管理職一人あたりの部下数　など
⑤組織風土	・エンゲージメント/満足度/コミットメント ・従業員の定着率
⑥健康・安全・ 幸福	・労災により失われた時間、発生件数・発生率 ・労災による死亡者数・死亡率　など
⑦生産性	・従業員1人当たりEBIT/売上/利益 ・人的資本ROI　など
⑧採用・異動・ 退職	・採用にかかる平均日数、重要ポストが埋まる迄の 時間 ・内部登用率、内部異動数、離職率、離職の理由　など
⑨スキルと能力	・人材開発・研修の総費用、研修の参加率 ・従業員1人あたりの研修受講時間　など
⑩後継者計画	・内部承率、後継者候補準備率、後継者の継承準備 度　など
⑪労働力の可用性	・総従業員数、フルタイム当量（FTE）、臨時の労働 力（独立事業主/派遣労働者）、欠動　など

ぜんぶで58の
指標がある

CHAPTER

4

サステナビリティ経営を成功させるために

117

「伊藤レポート3.0」を活用する

SXを理解し、その道筋を示す羅針盤である「伊藤レポート3.0」について見ていくことにしましょう。

1 SXを理解し道筋を示す羅針盤

SXを理解するうえで参考にしたいのが、2022年8月に経済産業省が公表した、「**伊藤レポート3.0（SX版伊藤レポート）**」と「**価値協創のための統合的開示・対話ガイダンス2.0（価値協創ガイダンス2.0）**」です。

「伊藤レポート3.0」は、「日本企業や投資家等が将来に向けて進むべき道を示す『羅針盤』として公表したものです。企業を取り巻く環境が激変する中、企業や投資家らが協働して長期的かつ持続的な企業価値を向上させるためのSXの要諦を整理すると共に、その実現に向けた具体的な取り組みについて述べています。

同レポートでは、「サステナビリティへの対応は、企業が対処すべきリスクであることを超えて、長期的かつ持続的な価値創造に向けた経営戦略の根幹をなす要素となりつつある。企業が長期的かつ持続的に成長原資を生み出す力（稼ぐ力）を向上させていくためには、サステナビリティを経営に織り込むことが最早、不可欠であるといっても過言ではない」と指摘しています。

さらに、「今こそSXを実践するときである。これこそが、これからの『稼ぎ方』の本流となっていく」とも強調しています。そのうえで、「企業には、本レポートを活用しつつ、SXに係る取り組みを積極的に発信し、グローバルな投資の呼び込みへとつなげていくことで、

長期成長に向けた投資をさらに拡大していくことが望まれる」としています。

2 "実践編" の「ガイダンス2.0」の活用も

「伊藤レポート3.0」がSXについての"理論編"であるのに対し、「価値協創ガイダンス2.0」はSXの"実践編"という位置付けです。2017年5月に公表した「ガイダンス」の改訂版で、「SXの意義を明示した」のが大きな特徴です。

具体的には、「すべての項目において、持続可能な社会の実現に向けて、企業が長期的かつ持続的に価値を提供することの重要性と、それを踏まえた対応の方向性を明記」しています。長期的かつ持続的な企業価値向上を実現するために、長期の時間軸で経営・事業変革を行っていくことの重要性も強調しています。

このため、自社が目指す姿を示す**長期ビジョン**、長期的かつ持続的な企業価値向上の基盤となる**ビジネスモデル**、リスク要因や事業機会となり得る要因を把握・分析し、短・中・長期それぞれの対応へと生かしていくための**リスクと機会**の3つの項目で構成する「長期戦略」の大項目を新たに設けています。

また、「実行戦略（中期経営戦略など）」において、人的資本への投資や人材戦略の重要性をより強調する構成へと組み直しています。人的資本は、企業の生み出す価値の起点となる重要な無形資産として、企業価値を構成する様々な要素とも密接に関連しています。そして、それが社会のサステナビリティと企業のサステナビリティの両立を図る観点からも重要な要素であるとの認識が広がっていることなどを踏まえての対応です。

社会のサステナビリティ　　企業のサステナビリティ

気候変動や人権への対応等、
社会の持続可能性の向上

同期化

社会の持続可能性に資する
長期的な価値提供

企業が長期的・持続的に
成長原資を生み出す力
（稼ぐ力）の向上

「SX」
社会のサステナビリティと企業のサステナビリティの同期化
そのために必要な経営・事業変革（トランスフォーメーション）

SX 実現に向けた強靭な価値創造ストーリーの協創

企業　　　対話　　　投資家等の
市場プレイヤー

FIGURE 54 「SX版伊藤レポート」と「価値協創ガイダンス2.0」の位置付け

理論編

伊藤レポート3.0（SX版伊藤レポート）（2022年8月）
● 企業や投資家等の多様なプレイヤーが、長期経営の在り方につき建設的・実質的な対話を行い、それを磨き上げていくことを通じて、サステナビリティ・トランスフォーメーション（SX）を実践することが、これからの「稼ぎ方」の本流に

伊藤レポート2.0（2017年）
● 企業と投資家の対話の内容に関する「共通言語」として、価値協創ガイダンスを策定

伊藤レポート（2014年）
● 長期的なイノベーションに向けた企業による再投資と、中長期の視点を持つ投資家からの投資による中長期的な企業価値向上が重要

実践編

価値協創ガイダンス2.0（2022年8月）
（SX実現のための包括的フレームワーク）

人材版伊藤レポート2.0
（2022年5月）

人的資本可視化指針
（2022年8月）

「価値協創ガイダンス2.0」のフレームワーク

価値観

・社会の課題解決に対して企業・社員一人ひとりが取るべき行動の判断軸、判断の拠り所
・企業理念等の価値観に基づき、長期戦略に落とし込んでいく社会課題を重要課題として特定

長期戦略

現在の自社の事業状況やポジショニングに関する分析、競争優位・強みの把握

リスクと機会

・長期的なリスク要因や事業機会となりうる外的・内的な要因を把握・分析

長期ビジョン

・企業の目指す姿であり、どのように社会に価値を提供し、長期的かつ持続的に企業価値を向上していくか、共有可能なビジョン

ビジネスモデル

・価値観を事業化し、長期的・持続的な価値創造の基盤となる設計図
・長期ビジョンに基づき、必要に応じて既存のビジネスモデルを変革

実行戦略（中期経営戦略など）

・長期戦略を具体化するため、足下および中長期的に取り組む方策

成果と重要な成果指標（KPI）

・長期戦略等に基づき、進捗管理・成果評価・戦略見直しに活用する指標

ガバナンス

・長期戦略等の策定・実行・検証を通じて、企業を規律付ける仕組み・機能

出所：「伊藤レポート3.0（SX版伊藤レポート）」（経済産業省）

「持続可能性４原則」を活かす

サステナビリティ経営を実践するうえで羅針盤となる「持続可能性４原則」について見ていくことにします。

1 サステナビリティ経営実践の考え方

サステナビリティ経営を実践するうえで羅針盤となるのが、**持続可能性４原則**です。サステナビリティを考えるチェックリストとしても有効です。この原則は、国際NGOであるThe Natural Step*の創設者、カール＝ヘンリク・ロベール博士*が科学的な根拠に基づいて提唱したフレームワークです。

ロベール博士は、自然環境および人間社会を持続可能ではない状況にしているメカニズムを解明しました。それを基にサステナビリティ経営を実践するための考え方として提唱したものです。持続可能性４原則とは、次のような内容です。

私たちの自然環境内および社会に

原則１. 自然の中で地殻から取り出した物質の濃度が増え続ける活動に加担しない

原則２. 自然の中で人間社会が作り出した物質の濃度が増え続ける活動に加担しない

原則３. 自然が物理的な方法で劣化する活動に加担しない

＊ **The Natural Step** 1989年に設立された、世界13カ国に拠点を持つ国際NGO。環境・社会・経済の観点から持続可能な未来を実現するためのビジョンや戦略策定を支援している。
＊**カール＝ヘンリク・ロベール博士** スウェーデンのブレーキンゲ工科大学教授。「バックキャスティング」の手法を組織運営に取り入れ、持続可能な発展に戦略的に取り組むためのフレームワークを開発した。

原則4. 人々が自らの基本的なニーズを満たそうとする行動を妨げる状況を作り出す活動に加担しない

　原則4には、健康や影響力など5つの分野で、「行動を妨げる状況」について具体的な項目を挙げています（図表参照）。

2 チェックリストとして有効

　私たちの経済活動や日々の生活は、持続可能な社会を阻害する多くの問題を抱えています。

　例えば、「大規模な森林伐採によって生物多様性や光合成の容量が減少し、気候が不規則になるといった損失が増加している」、「石油などの化石燃料を燃やした結果、気候変動につながる CO_2 が排出されている」、「労働条件や生活条件が安全ではなく、不健康な状況にある」などといった具合です。

　持続可能性4原則は、こうした問題を引き起こすことなく、自社の事業活動を行うためのチェックリストであり、サステナビリティ経営を実践するための道標ともいえます。効果的に活かさない手はありません。

　ビジネスを展開するうえで、戦略を決める、商品を開発する、取引先を決める、人材育成をするなどといった企業としての方向性を示すことは極めて重要なポイントです。それらを持続可能性4原則に照らし合わせて進めていけば、その方向性もより明確にすることができるのではないでしょうか。

　持続可能性4原則で自社の事業活動をチェックし、方向づけができればサステナビリティ経営の道を進むための目標設定と具体的なアクションプランも見えてくるはずです。

56 ロベール博士が提唱した「持続可能性4原則」

● 私たちの自然環境内および社会に

原則1. 自然の中で地殻から取り出した物質の濃度が増え続ける活動に加担しない

原則2. 自然の中で人間社会が作り出した物質の濃度が増え続ける活動に加担しない

原則3. 自然が物理的な方法で劣化する活動に加担しない

原則4. 人々が自らの基本的なニーズを満たそうとする行動を妨げる状況を作り出す活動に加担しない

4-1 健康
物理的、感情的、精神的に良好な健康を維持するか、もしくは創ること

4-2 影響力
所属する社会システムに対しての影響力を維持するか、あるいは影響力を確立すること(意思決定に参画する、発言権を持つ、民主的な権利)

4-3 能力
学び、能力を高める可能性があること(学習、適応力、個人の成長、知識へのアクセス)

4-4 公平
公平に取り扱われること(公平な処遇、公正、尊重、多様性)

4-5 意味・意義
社会システムの一員であることの意味・意義を経験すること(目的を感じる、思いやり、改革の機会がある)

サステナビリティ経営を成功させるために

サステナビリティ経営を実現し、成功させるための重要ポイントについて見ていくことにします。

1 統合思考で自社を見つめ直す

「わが社では、社会課題を解決するこんな環境事業に取り組んでいます」などと大々的に喧伝している企業も少なくありません。しかし、その環境事業は若手社員がボトムアップで始めた小さなプロジェクトでカネもヒトも配置されず、戦略的にも重要案件と位置付けられていない、といったケースも少なくないのが現実です。

しかも、そうした企業に限って、多くの事業は短期利益を目指して相変わらず外部不経済を生み出しているのです。それが現状の姿なら早急に考えを改めるべきでしょう。外部不経済を生み出しているのにそれを放置している企業は、まずは前述の統合思考の考え方で自社を見つめ直すべきなのです。

2 既存事業とのコラボ展開を

そのうえで、サステナビリティ経営を実現し成功させるポイントについて見ていくことにしましょう。一番重要なのは、環境や社会貢献製品・サービスの開発です。まずは環境にやさしい製品や循環型社会を考慮したサービスの開発を行うことです。

そのために、サステナビリティに関する事業を単独事業として企画・推進するのではなく、自社の既存の事業とコラボレーションさせて展開します。これによって収益化を図りながら進めていくのが、

サステナビリティ経営を実現し、成功させる大きなポイントです。

　事業戦略との整合性を図ることも重要になってきます。経営者は、自社の事業戦略と目指すべきサステナビリティ経営の理念が同じ方向を向いているのか、つねに確認する必要があります。方向性が異なれば、サステナビリティ経営の取り組みが曖昧になり、持続可能な社会の実現に貢献できなくなるからです。

　事業活動における環境負荷の低減にも注力する必要もあります。多くの企業活動は莫大なエネルギーを消費し、環境に負荷を与え続けています。そのため、新技術も取り入れながら、環境に負荷をかけない事業活動を模索することが欠かせません。

　例えば、梱包材の削減をはじめ、リサイクルやリユース、植物由来の代替品の活用、**FSC認証***や**MSC認証***のある原料の使用などです。もちろん、SuMPO（一般社団法人サステナブル経営推進機構）が推進する「**エコリーフ宣言**」の認証を受けることも有効です（3-2参照）。

③ ガバナンス体制の見直しも

　サステナビリティ経営を実現し成功させるには、ガナバンス体制の見直しや会社全体での意思統一、職場環境の整備も重要です。サステナビリティ経営は**ガバナンス**、つまり、企業活動において遵守すべき規範や指針を定め、社員に対してその規範や指針を浸透させることがベースとなります。

---

* **FCS認証**　FSCは森林管理協議会（Forest Stewardship Council）の略。責任ある森林管理を普及させるために設立された国際的な非営利団体。FSC認証は、環境や社会に対して持続可能な森林管理のもとで作られた製品を認証する制度。
* **MSC認証**　MSCは海洋管理協議会（Marine Stewardship Council）の略。世界の水産資源の回復を目指して設立された国際的な非営利団体。MSC認証は、水産資源や環境に配慮し、適切に管理された持続可能な漁業に関する認証制度。

また、社員一人ひとりの意識がサステナブルな社会の実現に向いていなければ、大きな変革を生み出すことはできません。個々の社員がサステナビリティ経営実現のために「自分は何ができるのか」を考え、会社全体で取り組むという意思統一が欠かせないのはいうまでもないでしょう。

4 ソーシャルビジネスで取り組む

職場環境の整備も重要なポイントです。サステナビリティ経営を追求するあまり、社内の環境や体制がおろそかになってしまっては元も子もありません。社員の職場環境に関してもサステナビリティ経営の精神をもとに整備、充実させる必要があります。

例えば、ワークライフバランスの見直しをはじめ、育児や介護休暇取得率向上、労働安全衛生の管理、テレワーク体制の充実などきめ細やかな配慮が欠かせません。

サステナビリティ経営の成功には、取り組む事業がソーシャルビジネスであれば理想的です。ソーシャルビジネスとは、企業が手がける事業を介して社会が抱える貧困や差別、介護や福祉、地球環境や教育など様々な問題を解決に導くビジネスをいいます。

こうしたソーシャルビジネスは、社会的意義のある付加価値の高いビジネスとしても注目されています。社員一人ひとりの意識も高く、まさにサステナビリティ経営を実践していることになるのです。

57 サステナビリティ経営を成功させるポイント

環境や社会貢献製品・サービスの開発

- ・環境にやさしい製品や循環型社会を考慮に入れた製品・サービスを開発する
- ・自社の既存の事業とコラボレーションさせて製品化を進める

事業戦略との整合性を図る

- ・経営者は、自社のサステナビリティ経営が同じ方向を向いているとつねに確認する
- ・サステナビリティ経営が自社の事業展開に好影響を与えると認識し、そのうえで事業戦略との整合性を確認しながら取り組む

事業活動における環境負荷の低減

- ・新技術を取り入れながら、環境に多くの負荷をかけない事業活動を模索する
- ・梱包材の削減やリサイクル・リユース、植物由来の代替品の活用、FSC認証やMSC認証のある原料の使用、エコリーフ宣言 (SuMPO) などを活用する

ガバナンス体制の見直し

- ・普段から「コンプライアンスの遵守」「社員に対するコンプライアンス教育の実施」「非常時の体制の制度の構築」などに取り組む

会社全体での意思 (意識) 統一

- ・社員一人ひとりの意識がサステナブルな社会の実現に向いていなければ、大きな変革は生まれない
- ・個々の社員のSDGSなどに対する問題意識と共に、会社全体でもサステナビリティに取り組む統一された意識が必要

職場環境の整備

- ・社員の職場環境に関してもサステナビリティ経営の精神をもとに整備、充実させる必要がある
- ・ワークライフバランスの見直し、育児や介護休暇取得率向上、労働安全衛生の管理、テレワーク体制の充実などの配慮が必要

CHAPTER 4 サステナビリティ経営を成功させるために

129

SXにフォーカスした「価値協創ガイダンス2.0」改訂版に加わった「長期ビジョン」など3項目の「長期戦略」

経済産業省が2022年8月に公表した、SX実現のための**「価値協創ガイダンス2.0」**は、2017年5月に策定した同ガイダンスの改訂版です。この改訂では、前述の通り、「長期ビジョン」「ビジネスモデル」「リスクと機会」の3つの項目から構成される「長期戦略」の大項目が新たに加わっています。

「長期戦略」のフレームワーク

長期ビジョン

企業の目指す姿であり、どのように社会に価値を提供し、長期的・持続的に企業価値を向上していくか、共有可能なビジョン

ビジネスモデル

価値観を事業化し、長期的・持続的な価値創造の基盤となる設計図長期ビジョンに基づきビジネスモデルを強化・変革

リスクと機会 長期的なリスク要因や事業機会となり得る外的・内的な要因を把握・分析

統合的な「長期戦略」を構築

出所：「価値協創ガイダンス2.0」（通産省）

長期戦略は、自社の価値観に基づき、長期的な社会全体の動向を見定める「長期ビジョン」の策定、その実現の柱となる「ビジネスモデル」の構築・変革、視野に入れるべき「リスクと機会」の分析を統合的に行うことによって構築できるとの判断からです。3項目の重視すべきポイントについて見ていくことにしましょう。

●**長期ビジョン**

・「長期ビジョン」は、企業の目指す姿であり、特定の長期の期間においてどのように社会に価値を提供し、長期的かつ持続的に企業価値を向上していくか、共有可能なビジョンである。

・企業は、価値観・重要課題と整合的で、自社で働く一人ひとりの目標ともなる長期ビジョンを策定することが望ましい。

「長期ビジョン」のフレームワーク

長期ビジョン

価値観・重要課題と整合的で、
自社で働く一人ひとりの目標ともなる長期ビジョンを策定

社会への長期的な価値提供の目指す姿

・現時点の競争優位性・強みを持続化・強化する観点（フォアキャスティング）と、中・長期的な社会の変化に対応する観点（バックキャスティング）を照らし合わせ、「目指す自社像」を描き出す

・自社を取り巻く事業環境、社会全体の潮流、投資家の投資目線等を総合的に勘案し、時間軸を設定する

出所：「価値協創ガイダンス2.0」（通産省）

●ビジネスモデル

・「ビジネスモデル」は、長期的かつ持続的な価値創造の基盤となる設計図であり、企業が有形・無形の経営資源を投入し、競争優位のある事業を運営することで顧客や社会に価値を提供し、長期的かつ持続的な企業価値向上へとつなげていく仕組みである。

・企業は、長期ビジョンに基づき、長期的かつ持続的な価値創造の基盤となるようビジネスモデルを構築すると共に、必要に応じて変革することが重要である。

「ビジネスモデル」のフレームワーク

長期ビジョン

長期ビジョンに基づき、長期的・持続的な
価値創造の基盤となるようビジネスモデルを構築・変革

市場勢力図における位置づけ

・外部環境の変化を見据え、以下の要素を把握の上、将来市場における自社のポジショニングを示すことで、長期的・持続的な価値創造の基盤となるビジネスモデルであることを説得的に提示
　-【2-2.1.1. 付加価値連鎖（バリューチェーン）における位置づけ】
　-【2-2.1.2. 差別化要素およびその持続性】

競争優位を確保するために不可欠な要素

・ビジネスモデルの根幹となる競争優位を確保するために必要な要素：
　-【2-2.2.1. 競争優位の源泉となる経営資源・知的財産を含む無形資産】と【2-2.2.2. 競争優位を支えるステークホルダーとの関係】を特定し、維持・強化に向けて投資
　-【2-2.2.3. 収益構造・牽引要素（ドライバー）】を提示

出所：「価値協創ガイダンス2.0」（経済産業省）

●リスクと機会

・「リスクと機会」は、企業が長期的かつ持続的な価値創造を実現するうえ
　で、分析することが必要な外的・内的な要因である。
・企業は、長期的なリスク要因や事業機会となり得る要因を把握・分析する
　と共に、長期ビジョン、ビジネスモデル、実行戦略に分析結果を反映する
　ことが求められる。

「リスクと機会」のフレームワーク

リスクと機会

　長期的なリスク要因や事業機会となり得る外的・内的な要因を把握・分析
するとともに、長期ビジョン、ビジネスモデル、実行戦略に分析結果を反映

気候変動等の ESG に関するリスクと機会の認識

・長期的な ESG 要素が自社に与え得る影響を分析し、リスク対応策
　や事業機会につなげるための戦略に反映

主要なステークホルダーとの関係性の維持

・価値観・重要課題を踏まえ、ビジネスモデルを支えるステークホル
　ダーとの関係を維持・強化するための方策を提示

事業環境の変化への対応

・複雑化する事業環境下で、長期的・持続的価値向上に影響を与え得
　るリスク・機会要因への対応を検討
・産業セクターに共通して考慮すべき事項：
　-【2-3.3.1. 技術変化の早さとその影響】
　-【2-3.3.2. カントリーリスク】
　-【2-3.3.3. クロスボーダーリスク】

出所：「価値協創ガイダンス2.0」（経済産業省）

　「価値協創ガイダンス2.0」は、サステナビリティ経営を実現する強靭な
価値協創ストーリーの重要性を訴えた内容になっています。"実践編" と位
置付けているだけに、活用しない手はないでしょう。

MEMO

サステナビリティ経営
とステークホルダー

　企業は、株主だけでなく、従業員や顧客、サプライヤー、地域社会、そして社会全体のすべてのステークホルダー（企業活動を行う際に影響を受ける利害関係者全般を指す）に価値を提供していくことが求められています。サステナビリティ経営の実現には全社的な改革であるSXが不可欠ですが、ステークホルダーとの関係も見逃せません。

　この章では、サステナビリティ経営とステークホルダーの関係性を中心に見ていくことにします。

企業価値の創造とステークホルダー

サステナビリティ経営とステークホルダーの関係性について、「企業価値」の側面から見ていくことにします。

1 株主資本主義からの大きな転換

SXの前提となる「**価値**」の捉え方について、「SX版伊藤レポート」では、次のように記しています。

「株式会社の組織形態をとる限りにおいて、企業の創出する最終利益は株主に帰属します。一方、企業が持続的に事業活動を行うためには、顧客をはじめバリューチェーンにおける取引先、共同研究や共同事業を行うパートナー、地域社会、公的機関等様々なステークホルダーの課題を解決し、その対価として利益を得ていくことが重要です」

だからこそ、企業が創造する「価値」に対しては、競争優位性のある事業活動によってステークホルダーの抱える課題を解決することで収益を得る。そして、それを利益分配とさらなる課題解決に向けた再投資に振り向けながら、長期的かつ持続的に企業価値を向上させていくという、循環的な捉え方をすることが重要なのです。

「価値」の捉え方に関しては近年、国際的にも議論が活発化しています。アメリカの主要企業の経営者を構成員とするビジネスラウンドテーブル(BRT)は、2019年8月に「企業の目的はすべてのステークホルダーにコミットメント(責任ある関与)を行うもの」と再定義する声明を発表しました。

これは、企業は主として株主のために存在するという株主資本主義からの大きな転換となりました。

2 持続的な収益の創出と競争優位性

2019年12月には、世界経済フォーラムが「**ダボスマニフェスト2020**」を公表。企業の目的を「すべてのステークホルダーを、共有された持続的な価値創造に関与させることであり、このような価値を創造するうえで、企業は株主だけでなく、従業員、顧客、サプライヤー、地域社会、そして社会全体のすべてのステークホルダーに価値を提供すること」と明言しています。

日本企業には、経営変革を通じて長期的な競争優位を確立したうえで、ステークホルダーに価値を提供。そして、それを持続的な収益の創出と競争優位のさらなる強化へとつなげていくことで、企業価値の向上を達成することが求められているのです。

58 SXの前提となる企業の目的とステークホルダー

2019年8月	「企業の目的はすべてのステークホルダーにコミットメントを行うもの」と再定義 （BRTの声明発表）
2019年12月	「企業は、株主だけでなく、従業員、顧客、サプライヤー、地域社会、そして社会全体のすべてのステークホルダーに価値を提供すること」と明言 （世界経済フォーラムの「ダボスマニフェスト2020」）

出所：「SX版伊藤レポート」の「SXの前提となる『価値』の捉え方」より作成

CHAPTER
5
2

多様なステークホルダーと どう付き合うか

サステナビリティ経営ではステークホルダーとどう付き合うか も重要です。そのポイントについて見ていきます。

1 価値を考慮すべきとの投資家の声

投資家においても企業が**ステークホルダー**の価値を考慮すべきとの声は高まっています。「SX版伊藤レポート」によると、資産運用会社であるブラックロックのラリー・フィンク (CEO) は2022年1月、投資先企業のCEO宛てに「株主に長期的な価値をもたらすには、企業はすべてのステークホルダーのために価値を創造し、またすべてのステークホルダーからその価値を認められなければならない」などと認 (したた) めた書簡を送付しています。

ただし、収益や企業価値との関連性を見失い、ステークホルダーに対する利益一辺倒に陥ると、日本企業の長期的な価値向上や経営変革に向けた取り組みがさらに遅れてしまいかねません。それには十分に注意をする必要があるとしています。

たしかに、外部のステークホルダーたちが様々な意見を述べてくるものです。ステークホルダーはみな同じ意見ではなく、企業価値の危機を強く意識している長期投資家や国際機関、NGOなどのステークホルダーもいれば、あまり気にしていない短期投資家といったステークホルダーもいます。前者は、企業の環境価値や社会価値を守る活動が十分でないと苦言を呈し、後者は、短期的利益を出さないと投資を引き上げるなどと圧力をかけてきます。

それでもSXを実行していくためには、自社のサステナビリティ活動を様々なステークホルダーに対して丁寧に理解を求めることが欠かせません。

2 ストーリーを発信し続ける

もっとも、乱立する環境報告などのガイドラインや開示要求を負担と感じている企業も少なくありません。適切に情報を開示し、ステークホルダーとコミュニケーションを図ることは重要ですが、すべてのガイドラインや開示要求に応える必要はないでしょう。

企業のサステナビリティ経営へのSXを支援するPwC Japanグループは、外部からの様々な声には真摯に耳を傾けつつも自社の信念に従って一つの方向に進み続け、そのストーリーを発信し続けていくのが最善の策と指摘しています。

ストーリーを外部に発信し続けることによって、その信念に共感してくれる社員や投資家、取引先、顧客が周りに集まってくるはずです。

59 多様な意見のステークホルダーと付き合うには

外部のステークホルダーの様々な意見

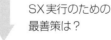

SX実行のための
最善策は？

真摯に耳を傾ける

信念に基づく自社の進むべきストーリーを発信し続ける

ガバナンスと女性役員比率の向上

サステナビリティ経営では、女性役員比率の向上も欠かせません。なぜ必要なのかについて見ていくことにします。

1 取締役会に持続性を重視

「SX版伊藤レポート」では、**ガバナンス（企業統治）**について、次のように述べています。

「自社の長期的な価値向上の観点から、なぜそのようなガバナンスの仕組みを構築しているのか、それがどのように自社固有の価値創造ストーリーの中に位置付けられ、機能するのかを併せて示すことが望ましい。そのうえで、取締役会と経営陣の役割・機能分担を明確化すると共に、重要課題および戦略に関するKPI（重要業績評価指標）と連動した役員報酬や、株式報酬をはじめとする中長期的なインセンティブ報酬を設計することも有益である」

さらに、「価値協創ガイダンス2.0」では、ガバナンスの「取締役会と経営陣の役割・機能分担」について、次のように記しています。

「企業には、取締役会と業務執行を担う経営陣（企業の経営判断を担う社長・CEO、業務執行取締役、執行役・執行役員）との役割・機能分担を明確化したうえで、それぞれの役割・機能を実効的に果たしていくことが求められる。とりわけ株式会社にあっては、取締役が株主によって選任されることも念頭に置きつつ、個々の取締役および取締役全体に求められる役割・機能を明確化することが望ましい」

また、「経営課題解決にふさわしい取締役会の持続性」について、「そのような仕組みが組織として継続的に確保できるかということを重視している」としています。

60 ガバナンスの概要

長期戦略・実行戦略の策定・推進・検証を着実に行い、
長期的・持続的に企業価値を高める方向に企業を規律付け

取締役会と経営陣の役割・機能分担

・取締役会・経営陣の役割分担を明確化の上、各役割を実効的に果たす

経営課題解決にふさわしい取締役会の持続性

・価値観・長期戦略に照らした経営陣・取締役の選任、後継者計画の策定、
成果に応じた評価制度等の設計により、持続可能なガバナンスを構築・
提示

社長、経営陣のスキルおよび多様性

社外役員のスキルおよび多様性

戦略的意思決定の監督・評価

利益分配および再投資の方針

役員報酬制度の設計と結果

取締役会の実効性評価のプロセスと経営課題

・取締役会の実効性を評価し、その結果と改善に向けての優先的な課題を
提示

出所：「価値協創ガイダンス2.0」（経済産業省）

❷ 女性役員比率30%を目標に

その**取締役会**ですが、日本は上場企業で経営を担う女性役員の比率が低く、欧米諸国に比べて見劣りすることが課題となっています。こうした中で政府は2023年6月、「**女性活躍・男女共同参画の重点方針**」（**女性版骨太の方針**）を決め、具体的な目標を掲げて女性の登用加速へ本腰を入れています。

投資家が多様性を重視する傾向を強める中、比率が低いままでは日本企業に投資資金が集まらず、国際的な競争力低下を招きかねないとの危機感があるからです。

政府の「女性版骨太の方針」では、東京証券取引所の最上位市場「プライム」に上場する企業を対象に2025年をメドに女性役員1人以上を選任し、2030年までに比率を30%以上に引き上げるよう求めています。

内閣府によると、経済協力開発機構（OECD）の2022年の国際比較で、日本の企業役員に占める女性比率は15.5%。フランスの45.2%やイギリスの40.9%、アメリカの31.3%と比べると大きく見劣りします。

性別や人種など多様性に富む企業は、「イノベーションが進み企業価値向上が見込める」というのが世界の共通認識となっています。株主総会では主要な機関投資家が「女性取締役が一人もいない企業」に対して、経営トップの選任に反対票を投じるなどと相次いで表明しました。女性役員の登用加速は待ったなしです。

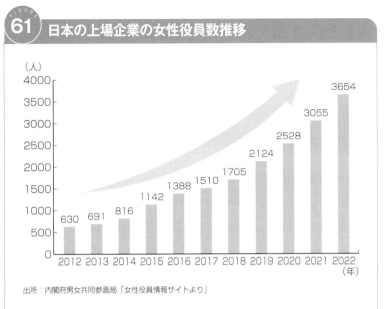

FIGURE 61 日本の上場企業の女性役員数推移

（人）

年	人数
2012	630
2013	691
2014	816
2015	1142
2016	1388
2017	1510
2018	1705
2019	2124
2020	2528
2021	3055
2022	3654

（年）

出所：内閣府男女共同参画局「女性役員情報サイトより」

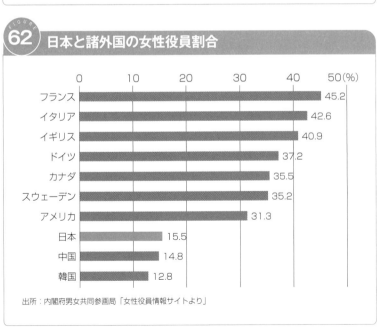

FIGURE 62 日本と諸外国の女性役員割合

(%)

国	割合
フランス	45.2
イタリア	42.6
イギリス	40.9
ドイツ	37.2
カナダ	35.5
スウェーデン	35.2
アメリカ	31.3
日本	15.5
中国	14.8
韓国	12.8

出所：内閣府男女共同参画局「女性役員情報サイトより」

社員を幸せにする サステナビリティ経営

サステナビリティ経営は社員を幸せにする経営手法なのでしょうか。この問いに迫ってみます。

1 社会価値の創造が社員を幸せに

最近は、**健康経営**という言葉がしばしば使われるようになっています。NPO法人健康経営研究会によると、健康経営とは、「企業が従業員の健康に配慮することによって、経営面においても大きな成果が期待できる」との基盤に立って、健康を経営的視点から考え、戦略的に実践することを意味しています、と説明しています。この健康経営の手法を導入し、推進することで社員の幸せに貢献すると断言はできませんが、後押しするのは間違いないでしょう。

では、サステナビリティ経営を推進することで、ステークホルダーでもある社員は幸せになるのでしょうか。社員の幸せと無縁の経営形態であれば、それを導入し押し進めていく意味はありません。

この問いに、SuMPOの壁谷武久専務理事は、「それが社会価値の創造です」と断言しています。社会価値の創造こそ社員の幸せを導く手法というわけです。

SuMPOは、企業価値を経済価値と捉え、それに地球環境問題などの社会課題解決に向けた社会価値が加わるという視点を重視しています。もちろん、社員に対する確かな給与の裏付けがあることが前提ですが、SuMPOに入社した若手社員の社会課題解決に向けた参加意識は高く、サステナビリティ経営は社員の幸せを実現する必須の手法といえそうです。

2 ウェルビーイングを生み出す

ウェルビーイング (well-being) という言葉があります。ウェルビーイングとは、「良い状態 (であること)」、「幸福 (な状態)」という意味ですが、最近はビジネスに関わる分野で使われることが増えています。

ビジネスの分野、特に企業で社員の働く環境を考えるとき、ウェルビーイングとは「社員一人ひとりの幸福 (=心身ともに健康的な状態であること) が、組織にとっても良い方向に働く」ことを示しています。

サステナビリティ経営では、基本的な物質的な豊かさを維持し、便利さや快適さを諦めることなく、個としての幸福、すなわちウェルビーイングを拡大する。そうした「適切な成長」をビジネスで生み出そうとする挑戦でもあるのです。

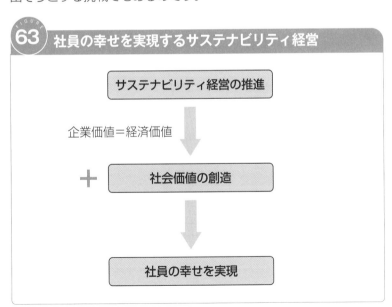

FIGURE 63 社員の幸せを実現するサステナビリティ経営

サステナビリティ経営の推進

企業価値=経済価値

＋　社会価値の創造

社員の幸せを実現

「幸せ」の本質と
サステナビリティ経営

サステナビリティ経営と「幸せ」の本質から見えてくるものは
何か。この問いに迫ってみます。

1 物質的・精神的豊かさを得る

　サステナビリティ経営は、経済成長自体を否定しているわけでは
ありません。なぜ、企業はサステナビリティ経営を目指さなければ
ならなくなったのか。その背景を知れば、おのずと理解できるので
はないでしょうか。

　私たちの地球は経済活動が拡大した結果、環境負荷が過大となり、
そのダメージは限界に達しつつあるのが現状です。これが、サステ
ナビリティ経営が求められる理由です。あくまでも過大な環境負荷
を与えない「**適切な成長**」が、その本質です。

　適切な成長とは、一定の物質的な豊かさと精神的な豊かさが得ら
れる程度の成長です。これが、多くの人が求める「幸せ」なのかもし
れません。とはいえ、幸せは極めて個人的な感覚であり、完全に一般
化することは困難です。それでも物質的な成長がなければ、豊かさ
を享受することはできないのが現実なのです。むしろ、基本的な衣
食住が足りていて、尊厳ある暮らしが送れることが、「幸せ」にとっ
て重要であり、本質なのかもしれません。

　すでに何度も触れたように、SuMPOがサステナビリティ経営の
考え方として重視しているのは、「企業価値を経済価値と捉え、それ
に地球環境問題などの社会課題解決に向けた社会価値が加わるとい
う視点」です。企業成長あってこその社会価値の創造です。決して経

済成長を否定するものではなく、持続可能な成長を目指しながらの取り組みといえるのです。

2 資本主義のプラス側面を生かす

経済成長と、富を生み出す仕組みである資本主義は一体不可分の関係にあります。私たちは、資本主義という仕組みによって生産性を大幅に向上させ、自由な時間を享受できるようになりました。この自由時間は、自分らしい生き方を追求するウェルビーイングの基盤ともいえるでしょう。

その一方で、資本主義は社会格差を拡大する危険性を孕んでおり、負の側面として見られるのは否めません。資本主義が生み出したとされる課題を真摯に受け止めながら、資本主義という強大な仕組みの制御に力を注ぎ、プラスの側面を生かしていくことが、サステナビリティ経営にとっての重要なテーマでもあるのです。

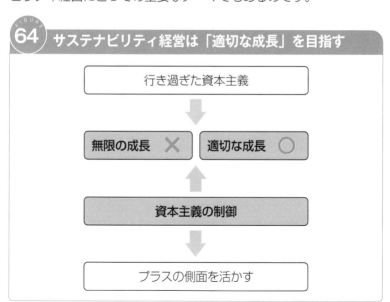

FIGURE 64　サステナビリティ経営は「適切な成長」を目指す

行き過ぎた資本主義

無限の成長　✕　　適切な成長　◯

資本主義の制御

プラスの側面を活かす

ウェルビーイングを測定する指標も充実

　サステナビリティ経営は、個としての**ウェルビーイング**をビジネスで生み出し、その拡大を企業全体で目指す挑戦でもあります。ウェルビーイングとは、身体的・精神的・社会的に良好で満たされた状態にあることを示す概念で、直訳では「幸福」「健康」「福利」を意味します。世界保健機関（WHO）が1948年に発効した世界保健機関憲章では、『Health is a state of complete physical,mental and social well-being and not merely the absence of disease or infirmity（健康とは、病気ではないとか、弱っていないということではなく、肉体的にも、精神的にも、そして社会的にも、すべてが満たされた状態にあること）とされています。

　NECソリューションイノベータでは、ウェルビーイングを測定する代表的な指標として、次の3つを挙げています。

① ギャラップ社によるウェルビーイング5つの要素
② ウェルビーイングの構成要素「PERMA理論」
③ 世界幸福度ランキング

　①は、世界最大級の世論調査企業であるアメリカのギャラップ社が提唱したもので、キャリア、ソーシャル、フィナンシャル、フィジカル、コミュニティの5つの要素が有名です。
　②の**PERMA理論**は、「ポジティブ心理学」を提唱したアメリカの心理学者マーティン・セリグマン氏が2011年に考案したものです。同氏は、ウェルビーイングの構成要素は、ポジティブ感情、物事への関わり、豊かな人間関係、人生の意義や目的、達成感といった5つの要素が関係しており、これらの要素を満たしている人は幸福であるとしています。

③は、国連機関の「持続的な開発ソリューションネットワーク（SDSN）」が毎年発表しているランキングです。世界各国の住民の幸福度を調査し、定量化。幸福指数としてランク付けし、「世界幸福度調査（World Happiness Report）」として発表しています。具体的には、一人当たりの国内総生産（GDP）、社会的支援、健康寿命、社会的自由、寛容さ、汚職の無さ・頻度といった項目を数値化し順位を決定しています。

サステナビリティ経営では、個人だけではなく組織全体のウェルビーイングを高めることが不可欠です。企業価値向上を図るうえでも重要な取り組みといえるでしょう。

ウェルビーイング・構成要素「PERMA 理論」の 5 つの要素

ポジティブ感情
嬉しい、面白い、
楽しい、感動、
感激、感謝
など

達成感
達成、成果、目標
など

物事への関わり
関わり、没頭、
突入、熱中、夢中
など

**人生の
意義や目的**
人生の意義、意味、
目的、社会貢献
など

**豊かな
人間関係**
つながり、協力、
援助、与える
など

出所：NEC ソリューションイノベータ「ビジネスコラム」より作成

おわりに

　サステナビリティ経営を理解するうえで、本書のCHAPTER1〜5の構成が適切なのかどうか。つねに自問自答しながら、関連文献や関連書籍を参考にしながらの執筆でした。何とかまとめあげたものの、こういう情報を盛り込んだほうが良かったのでは、などと反省も尽きません。

　本書では、サステナビリティ経営を「環境、社会、企業統治の3つの観点で持続可能性に配慮しながら事業の持続可能性と両立させ、その管理監督を実践すること」と定義しています。要は、「持続可能性」が重視され、企業はサステナビリティ情報を開示することが求められるようになったのです。

　たしかに企業のHPを開くと「サステナビリティ」の項目を掲げるサイトも目立つようになっています。しかし、全社的にサステナビリティ経営が浸透しているかは別問題。まだ一部の企業に止まっているのが現状でしょう。

　企業の一般社員に「御社のサステナビリティ経営について教えてほしい」と聞いて見てください。おそらく、「何のことかわかりません」などという回答が圧倒的ではないでしょうか。サステナビリティ経営を成功させるポイントの一つに挙げられているのが、会社全体での意識統一です。社員一人ひとりの意識が「持続可能性」に向いていなければ大きな変革を生み出す原動力にはならないでしょう。

　社員一人ひとりの意識改革があってこそのサステナビリティ経営であることを痛感しています。

2023年8月　川上清市

参考文献

【レポート類】

・サステナビリティ経営で不確実な時代を生き抜く（MRI三菱総合研究所　環境・エネルギー事業本部　笹野百花）

・よりシンプルな体験がスタート　サステナブル経営とは？（日本HP　2022年6月）

・サステナビリティ経営とは？（ソフトバンクニュース）

・サステナビリティ経営とは？（パーソナルグループ）

・グローバル・サステナブル投資白書2020

・なぜ「本物のサステナビリティ経営」が求められているのか（PwCJapanグループ PwCあらた有限責任監査法人 パートナー 磯貝友紀）

・サステナブル経営〜新たな"攻めの戦略"（ビジネスコンサルタント）

・kaonavi　人事用語集　サステナブルとは？

【新聞】

・SX実現に向けた「人的資本経営」の実践と課題（日経産業新聞　2023年4月26日）

・Sutainable Finance Report GX推進法で脱炭素投資を加速（日本経済新聞 2023年6月16日）

・日本経済新聞

・日経産業新聞

【書籍】

『SXの時代』（坂野俊哉・磯貝友紀著／日経BP）

『2030年のSX戦略』（坂野俊哉・磯貝友紀著／日経BP）

『Q＆A SDGs経営』（笠谷秀光著／日本経済新聞出版）

『SDGs経営"社会課題解決"が企業を成長させる』（松木喬著／日刊工業新聞社）

『増補改訂・最新版 Q＆A SDGs経営』（笠谷秀光著／日本経済新聞出版）

『ESG思考 激変資本主義1990−2020、経営者も投資家もここまで変わった』（夫馬賢治著／講談社）

『会社四季報 2023年3集 夏』（東洋経済新報社）

参考文献

索引

●著者紹介

川上清市 (かわかみ　せいいち)

長野県松本市生まれ。学習院大学法学部卒業。日刊自動車新聞、日本工業新聞などの記者を経て、1988年にフリージャーナリストとして独立。業界分析から企業の成功事例、株式投資、健康、教育、農業、環境関連など幅広い分野を取材し、執筆活動を続けている。

著書に『ニュースの真相が見えてくる「企業買収」のカラクリ』(青春出版社)、『キリンビール』(共著／出版文化社)、『最新鉄鋼業界の動向とカラクリがよ〜くわかる本 (第2版)』、『事例でわかる！クラウドファンディング成功の秘訣』、『最新教育ビジネスの動向とカラクリがよ〜くわかる本 (第3版)』、『最新機械業界の動向とカラクリがよ〜くわかる本 (第3版)』、『最新健康ビジネスの動向とカラクリがよ〜くわかる本 (第3版)』(以上、秀和システム) などがある。

図解ポケット

サステナビリティ経営がよくわかる本

| 発行日 | 2023年 9月 7日 | 第1版第1刷 |

著　者　　川上　清市

発行者　　斉藤　和邦
発行所　　株式会社　秀和システム
　　　　　〒135-0016
　　　　　東京都江東区東陽2-4-2　新宮ビル2F
　　　　　Tel 03-6264-3105 (販売) Fax 03-6264-3094
印刷所　　三松堂印刷株式会社　　　　　Printed in Japan

ISBN978-4-7980-7003-2 C0034